Materiale didattico del corso

NIS2 Professional

v1.0

Colophon

Titolo: Materiale didattico del corso NIS2 Professional

Autore: Michiel Benda

Tradutorre: Nicolò Reale

Editore: Van Haren Publishing, 's-Hertogenbosch

ISBN copia cartacea: 978 94 018 1306 8

Edizione: Prima edizione, prima stampa, Marzo 2025

Progetto: Van Haren Publishing, 's-Hertogenbosch

Per ulteriori informazioni su Van Haren Publishing potete scrivere all'indirizzo: info@vanharen.net o visitare il sito: www.vanharen.ne

Note dell’Editore sul materiale del corso

Il materiale del corso è stato creato da esperti del settore che hanno contribuito come autore/i a questa pubblicazione. Il contenuto si basa su pubblicazioni esistenti e sull'esperienza e competenza dell’autore/i. Il materiale è stato revisionato da formatori con esperienza nell’utilizzo del materiale stesso. È stata prestata particolare attenzione ai punti chiave di apprendimento per garantire la comprensione degli elementi da padroneggiare.

L'obiettivo del materiale del corso è fornire il massimo supporto al formatore e allo studente durante il percorso formativo. La struttura modulare del materiale, secondo l'autore/i, offre le migliori possibilità di successo per gli studenti che scelgono di sostenere l'esame.

Per questo motivo il materiale è accreditato, ove applicabile. Per soddisfare i requisiti di accreditamento il materiale deve rispettare determinati standard di qualità. La struttura, l’uso di determinati termini, i diagrammi e i riferimenti fanno tutti parte dell’accreditamento. Inoltre il materiale deve essere reso disponibile a ciascuno studente per ottenere l’accreditamento completo. Per supportare al meglio il formatore e il partecipante il materiale include esercitazioni, esami di prova e risultati.

Riferimenti diretti alla letteratura consigliata sono spesso presenti nelle slide per consentire agli studenti di trovare ulteriori informazioni su un argomento specifico. La scelta di escludere pagine di note dal materiale è stata presa per incoraggiare gli studenti a prendere appunti lungo il percorso.

Anche se il materiale è completo esiste la possibilità che il formatore si discosti dalla struttura delle slide o scelga di non fare riferimento a tutte le slide o istruzioni. Lo studente ha sempre la possibilità di esplorare autonomamente tali argomenti. Si raccomanda di seguire la struttura del materiale e delle pubblicazioni per una preparazione ottimale all'esame.

Il materiale del corso e la letteratura consigliata rappresentano la combinazione ideale per apprendere e comprendere la teoria.

-- Van Haren Publishing

Altre pubblicazioni di Van Haren Publishing

Van Haren Publishing (VHP) è specializzata in titoli relativi a Best Practice, metodi e standard in quattro ambiti:

- IT e gestione IT
- Architettura (Enterprise e IT)
- Gestione aziendale
- Gestione dei progetti

Van Haren Publishing pubblica anche per conto di organizzazioni e aziende leader: ASLBiSL Foundation, BRMI, CA, Centre Henri Tudor, Gaming Works, IACCM, IAOP, IFDC, Innovation Value Institute, IPMA-NL, ITSqc, NAF, KNVI, PMI-NL, PON, The Open Group, The SOX Institute.

Argomenti trattati (per ambito):

IT e Gestione IT
ABC of ICT
ASL®
CATS CM®
CMMI®
COBIT®
e-CF
ISO/IEC 20000
ISO/IEC 27001/27002
ISPL
IT4IT®
IT-CMF™
IT Service CMM
ITIL®
MOF
MSF
SABSA
SAF
SIAM™
TRIM
VeriSM™

Enterprise Architecture
ArchiMate®
GEA®
Novius Architectuur
Methode
TOGAF®

Gestione Aziendale
BABOK ®Guide
BiSL® and BiSL® Next
BRMBOK™
BTF
EFQM
eSCM
IACCM
ISA-95
ISO 9000/9001
OPBOK
SixSigma
SOX
SqEME®

Gestione dei Progetti
A4-Projectmanagement
DSDM/Atern
ICB / NCB
ISO 21500
MINCE®
M_o_R®
MSP®
P3O®
PMBOK ® Guide
Praxis®
PRINCE2®

Per le informazioni più aggiornate sulle pubblicazioni di VHP visita il nostro sito web: www.vanharen.net

Prefazione

Quando la Direttiva Network and Information Systems (NIS2) è stata pubblicata a dicembre 2022, era chiaro che avrebbe avuto un impatto significativo in Europa. Per molte aziende è stata uno stimolo:

A. A comprendere che avrebbero dovuto migliorare la propria gestione della sicurezza delle informazioni;

B. A preparare una nuova linea di servizi per aiutare le organizzazioni a conformarsi alla Direttiva;

C. A iniziare a informare persone e organizzazioni sui contenuti della NIS2 e su cosa avrebbe significato per loro.

Il punto C ha portato a una vasta gamma di corsi, webinar, seminari, tavole rotonde e altro ancora. Il materiale formativo che state leggendo si distingue dagli altri per una combinazione di diversi fattori:

1. Spiega i requisiti elencati nella Direttiva tracciandone il significato e l'intento attraverso i numerosi Considerando presenti nella Direttiva e riferimenti ad altre pubblicazioni legali dell'UE. Ad esempio invece di limitarsi a dichiarare che è necessario implementare la sicurezza delle risorse umane come specificato nell'Articolo 21(2i), questo corso spiega cosa intende la NIS2 per questo requisito, tracciandone le specifiche fino al Considerando 79 e alla Direttiva UE 2022/2557.

2. Illustra i requisiti della NIS2 in termini semplici, evitando il gergo tecnico a meno che la Direttiva non si riferisca esplicitamente al termine stesso. In questi casi il termine sarà spiegato in modi quanto più lontani possibile dalla tecnologia. Questo corso è rivolto a coloro che svolgono un ruolo nella governance della sicurezza delle informazioni e nella conformità alla Direttiva e non richiede una conoscenza tecnica approfondita.

3. Fornisce i mezzi per valutare la propria organizzazione rispetto ai requisiti della NIS2. Man mano che si affrontano i requisiti si annoterà il proprio stato (stimato) di conformità sul modulo di valutazione GAP. Al termine del corso si avrà una valutazione ad alto livello del proprio stato di conformità, insieme a un punteggio complessivo dell'organizzazione. La valutazione GAP suggerirà inoltre un chiaro insieme di azioni da intraprendere per raggiungere la piena conformità.

4. Combina questo materiale formativo con un corso di due giorni erogato da formatori certificati che hanno una conoscenza approfondita della sicurezza delle informazioni e della Direttiva NIS2. Il corso consente di sostenere un esame per ottenere l'ambita certificazione CNIS2 che attesterà la comprensione dei requisiti della Direttiva e la preparazione a supportare l'organizzazione nell'ottenere la conformità.

5. Fornisce approfondimenti sulla Direttiva da una prospettiva europea piuttosto che statunitense. L'intero corso e l'esame sono scritti e revisionati da esperti europei del settore della sicurezza delle informazioni. La certificazione CNIS2 è rilasciata e controllata da un'organizzazione di accreditamento interamente europea.

Informazioni sull'autore

Michiel Benda è un professionista affermato con oltre 30 anni di esperienza in privacy, IT e sicurezza delle informazioni. Il suo percorso è iniziato nella gestione alberghiera, per poi spostarsi rapidamente verso l'automazione dei processi e i servizi IT. Nei servizi IT, Michiel ha rapidamente scalato i ruoli di ingegneria e gestione IT fino a diventare Direttore IT per una grande azienda multinazionale.

Riconoscendo l'importanza crescente della protezione delle informazioni, Michiel ha orientato la sua carriera verso la sicurezza delle informazioni. Ha progettato e implementato robuste misure di sicurezza per aziende in tutto il mondo, da piccole imprese a grandi aziende con migliaia di dipendenti, senza mai compromettere le priorità e l'operatività aziendali.

Nel 2017, spinto dal desiderio di aiutare più organizzazioni, Michiel ha fondato Omni-U. La sua visione è quella di permettere a qualsiasi organizzazione, indipendentemente dalle dimensioni o dalla conoscenza e competenza in sicurezza delle informazioni, di proteggere le proprie operazioni e obiettivi aziendali dalle minacce alla sicurezza informatica. Michiel è un esperto di governance della sicurezza delle informazioni e gestione del rischio.

Il corso di formazione e il materiale didattico CNIS2 Professional riflettono l'impegno di Michiel verso la visione di Omni-U. Attingendo alla sua vasta esperienza, il corso offre approfondimenti pratici, strategie e consigli per orientarsi nella complessità della Direttiva NIS2. Che tu sia un professionista del settore, un legislatore o un appassionato di cybersicurezza, l'esperienza di Michiel evidenzierà il percorso verso un ambiente digitale più sicuro.

Michiel vive nella tranquilla zona boschiva della Veluwe nei Paesi Bassi, dove bilancia il suo impegno per un mondo migliore e più sicuro con una vita personale arricchita da una famiglia amorevole, amici e una passione per catturare il mondo attraverso l'obiettivo della sua macchina fotografica.

Michiel Benda: Fondatore di Omni-U e 0-Effort Solutions, Esperto di Sicurezza delle Informazioni e Autore.

Avvertenza

Le informazioni contenute in questo manuale forniscono una spiegazione della Direttiva NIS2 e delle sue aspettative. Non dovreste agire, implementare cambiamenti o eseguire idee, suggerimenti o concetti presenti in questo manuale o nel corso senza una dovuta considerazione e valutazione delle circostanze specifiche dell'organizzazione in cui intendete applicarli.

Sia il corso che questo manuale sono destinati esclusivamente ad aiutare a valutare la propria organizzazione rispetto ai requisiti della Direttiva e a fornire una comprensione su come raggiungere la conformità. Né il corso né il materiale formativo sono intesi a fornire un'interpretazione legale della Direttiva. Eventuali dubbi in merito a tali interpretazioni dovrebbero essere sottoposti a un consulente legale interno o esterno.

Note di chiarimento

Per motivi di leggibilità questo manuale si riferirà alla Direttiva 2022/2555 come "NIS2" o semplicemente "Direttiva".

Il manuale spesso si riferisce direttamente a "voi", a cosa "voi" dovreste fare o a cosa significa qualcosa per "voi". In questi casi, "voi" si riferisce a voi come rappresentanti della vostra organizzazione piuttosto che a voi come individui. Una "organizzazione" è qualsiasi entità giuridica che deve rispettare i requisiti della NIS2. Può essere un ente governativo, un istituto nazionale, una società, una fondazione, un lavoratore autonomo, un'azienda privata o qualsiasi altra entità che potrebbe dover applicare le regole stabilite in questa Direttiva.

Scopo

...i membri degli organi direttivi dei soggetti essenziali e importanti siano tenuti a seguire una formazione...per far sì che questi acquisiscano conoscenze e competenze sufficienti al fine di individuare i rischi e valutare le pratiche di gestione dei rischi di cybersicurezza e il loro impatto sui servizi offerti dal soggetto.

NIS2, Articolo 20, paragrafo 2

In qualità di dirigenti di organizzazioni che rientrano nell'ambito della Direttiva NIS2, siete tenuti a seguire una formazione adeguata per prendere decisioni informate sulle pratiche di cybersicurezza della vostra organizzazione. Questo corso è progettato per soddisfare tale requisito.

Come dirigenti il vostro tempo è prezioso. Sebbene la formazione sia importante, ciò che probabilmente volete davvero sapere è se siete conformi ai requisiti della Direttiva. Questo corso è concepito per rispondere a entrambe le esigenze.

Questo manuale supporta il corso di certificazione CNIS2. Sia il corso che il manuale hanno l'obiettivo di aiutarvi a prepararvi alla conformità con la Direttiva NIS2.

La Direttiva NIS2 è un'istruzione agli Stati membri dell'UE per creare una legge nazionale. Le direttive includono gran parte di ciò che conterranno le leggi nazionali definitive, ma lasciano spazio per interpretazioni locali/nazionali. Per conformarsi alle leggi nazionali che verranno redatte potrebbe essere necessario rispettare requisiti aggiuntivi inseriti da ciascun singolo Stato membro nella legislazione derivata dalla NIS2.

Questo manuale si concentra sulle implicazioni pratiche della Direttiva e su cosa devono fare per soddisfarne l'intento le organizzazioni che devono conformarsi alla Direttiva. È scritto per i membri degli organi direttivi, inclusi il responsabile della sicurezza delle informazioni e il responsabile della protezione dei dati, per fornire una guida pratica sui requisiti della Direttiva. Il manuale vi aiuterà a valutare e prepararvi alla conformità di base alla Direttiva in modo strutturato e facilmente comprensibile.

La formazione associata a questo manuale è inoltre supportata dal libro "The NIS2 Navigator's Handbook: Bridging the cybersecurity GAP". Il libro approfondisce molti dei temi trattati nel corso per offrire a coloro che perseguiranno attivamente la conformità alla NIS2 una visione più dettagliata della legge e della sua interpretazione. Il libro include anche un'analisi GAP più dettagliata per una comprensione ancora più chiara di ciò che deve essere fatto nella vostra organizzazione per ottenere la conformità.

Indice dei contenuti

Self-Reflection of understanding Diagram

'What you do not measure, you cannot control.'' – Tom Peters

Fill in this diagram to self-evaluate your understanding of the material. This is an evaluation of how well you know the material and how well you understand it. In order to pass the exam successfully you should be aiming to reach the higher end of Level 3. If you really want to become a pro, then you should be aiming for Level 4. Your overall level of understanding will naturally follow the learning curve. So, it's important to keep track of where you are at each point of the training and address any areas of difficulty.

Based on where you are within the Self-Reflection of Understanding diagram you can evaluate the progress of your own training.

Level of Understanding	*Before Training (Pre-knowledge)*	*Training Part 1 (1st Half)*	*Training Part 2 (2nd Half)*	*After studying / reading the book*	*After exercises and the Practice exam*
Level 4 *I can explain the content and apply it .*					
Level 3 *I get it!* *I am right where I am supposed to be.*					Ready for the exam!
Level 2 *I almost have it but could use more practice.*					
Level 1 *I am learning but don't quite get it yet.*					

(Self-Reflection of Understanding Diagram)

Write down the problem areas that you are still having difficulty with so that you can consolidate them yourself, or with your trainer. After you have had a look at these, then you should evaluate to see if you now have a better understanding of where you actually are on the learning curve.

Troubleshooting

	Problem areas:	*Topic:*
Part 1		
Part 2		
You have gone through the book and studied.		
You have answered the questions and done the practice exam.		

Agenda

Giorno 1: Le basi della Direttiva NIS2

- Contesto dei programmi della UE
- Panoramica della Direttiva NIS2
- Concetti di sicurezza nella NIS2
- Enti e istituzioni pubbliche
- Obblighi dei soggetti
- Supervisione e imposizione
- Ruoli e responsabilità

Giorno 2: Valutazione del GAP

- Spiegazione della valutazione del GAP
- Programma di cybersicurezza
- Formazione sulla sicurezza informatica
- Gestione del rischio
- Politiche
- Pianificazione della resilienza
- Controlli organizzativi
- Controlli tecnici

Syllabus

Certified NIS2 Professional (CNIS2)

Versione 1.0

Questo materiale contiene diagrammi e informazioni testuali basate su:

The NIS2 Navigator's Handbook: Bridging the Cybersecurity Gap ©Van Haren Publishing

Informazioni sul Certified NIS2 Professional (CNIS2)

Con l'aumento della rilevanza dei rischi informatici nei profili di rischio delle organizzazioni è richiesto che i membri dei vertici aziendali comprendano tali rischi e prendano decisioni informate che considerino l'impatto non solo sull'organizzazione stessa, ma anche sui destinatari finali dei loro prodotti e servizi.

Proprietà Intellettuale:	EU Organisational Compliance Institute
Istituto di Accreditamento:	Van Haren Certify
Istituto Esaminatore:	certN

La direttiva Network and Information Systems del 2022 (NIS2 Directive) sottolinea l'importanza di questa consapevolezza e coinvolgimento da parte dei vertici aziendali, richiedendo che si impegnino attivamente nella gestione del rischio informatico e nell'implementazione delle misure per rendere questi rischi accettabili.

Il corso Certified NIS2 Professional offre una panoramica della Direttiva NIS2 per i membri del management aziendale, siano essi Chief Information Security Officers, Chief Risk Officers, Chief Executive Officers o altri membri del team gestionale. Il corso è unico in quanto è strutturato appositamente per queste figure, per le quali il tempo è un bene prezioso. Il primo giorno fornisce una panoramica generale della Direttiva, mentre il secondo giorno guida i partecipanti in una valutazione NIS2 della propria organizzazione. Al termine del corso i partecipanti avranno non solo compreso il significato della NIS2, ma anche cosa implica per loro e quali azioni intraprendere per conformarsi alla normativa.

Definizione della Certificazione

La certificazione CNIS2 attesta la comprensione della Direttiva, incluse le misure prescritte, e verifica la conoscenza dei concetti base della sicurezza delle informazioni, consentendo al candidato di discutere le misure di gestione del rischio informatico con coloro che sono incaricati della loro implementazione e manutenzione.

Come ottenere la certificazione

I candidati possono ottenere la certificazione superando l'esame Certified NIS2 Professional.

I voucher per l'esame di certificazione sono disponibili tramite formatori accreditati e il gruppo Van Haren.

Rinnovo della certificazione

La certificazione CNIS2 Professional è valida a tempo indeterminato.

Il certificato rilasciato dopo il superamento dell'esame riporta la data di emissione e indica anche la durata della validità della certificazione.

Formato dell'esame

A questo esame si applicano le regole generali sugli esami.

Tentativi per ogni voucher:	1
Numero di domande:	40
Punteggio minimo per superare l'esame:	60%
Punteggio minimo per superare l'esame per i docenti:	75%
Tempo a disposizione:	60 min.
Esame a libro aperto:	No
Lingua:	Italiano
Supervisione:	Si
Tipo di domande:	A scelta multipla

Syllabus dell'esame

Questa tabella riepiloga gli argomenti trattati nell'esame di certificazione.

Modulo	Requisito d'esame	Specifica d'esame	Livello Bloom	Peso %	Libro	Courseware
1	Contesto			10%		
1.1		Cybersicurezza nell'Unione	1		Cap. 2.1-2.4	Cap. 1.1
1.2		Strategie e programmi di cybersicurezza nella UE			Cap. 2.2	Cap. 1.2-1.5
1.3		Il quadro normativo dell'UE			Cap. 2.4.2	Cap. 1.6
2	Struttura della Direttiva			15%		
2.1		La Direttiva NIS	1		Cap. 2.2.3, 2.5	Cap. 2.1
2.2		Ambito della NIS2	1		Cap. 3.6-3.7	Cap. 2.2-2.3
2.3		Struttura della NIS2			Cap. 3.1, 3.3	Cap. 2.4
2.4		Enti e istituzioni pubbliche NIS2			Cap. 3.5	Cap. 4
3	Ruoli, responsabilità e obblighi delle entità			15%		
3.1		Ruoli e responsabilità	1 + 2		Cap. 3.10	Cap. 6
3.2		Obblighi delle entità	1		Cap. 3.8	Cap. 5.1-5.4
3.3		Supervisione e applicazione			Cap. 3.9	Cap. 5.5
4	Concetti di sicurezza			10%		
4.1		Concetti di sicurezza di base	2		Cap. 3.4	Cap. 3
5	Misure di gestione del rischio di sicurezza informatica			30%		
5.1		Programma di sicurezza informatica	1		Cap. 4.1	Cap. 7.1
5.2		Gestione del rischio	1		Cap. 4.3	Cap. 7.2
6	Implementazione			20%		
6.1		Misure di implementazione			Cap. 4.2, 4.4-4.8	Cap. 7.3-7.15
6.2		Report alla direzione			Cap. 3.8.2, 3.10.1, 3.10.2	

* Per ulteriori informazioni sui livelli di apprendimento Bloom cliccare qui.

Materiale di riferimento

Il materiale di riferimento per l'esame Certified NIS2 Professional è:

- The NIS2 Navigator's Handbook: Bridging the Cybersecurity Gap
- Autore: Michiel Benda
- Pubblicato da: Van Haren Publishing

Accreditamento dei docenti

Van Haren Learning Solutions organizza l'accreditamento dei docenti per questo programma di certificazione. Maggiori informazioni sul processo di accreditamento sono disponibili sul loro sito web.

1 Contesto

Il 27 dicembre 2022 l'Unione Europea ha pubblicato quattro nuove direttive e regolamenti. Queste quattro pubblicazioni sono strettamente correlate tra loro poiché ciascuna di esse affronta la resilienza organizzativa per i soggetti europei che sono critici per il funzionamento dell'economia dell'Unione Europea e della sua società. Le pubblicazioni sono elencate di seguito.

- **DORA (2022/2554)**
  DORA sta per Digital Operational Resilience Act. È un regolamento introdotto per il settore finanziario. Si concentra sulla resilienza da una prospettiva ICT ampia. I soggetti che devono seguire DORA probabilmente dovranno seguire anche NIS2.
- **Emendamenti basati su DORA (2022/2556)**
  Questa direttiva fornisce aggiornamenti ad altre direttive esistenti per allinearle al regolamento DORA. Modificando queste direttive, l'UE istruisce gli Stati membri ad aggiornare le legislazioni che hanno redatto basandosi sulle direttive menzionate.
- **Direttiva NIS2 (2022/2555)**
  La Direttiva NIS2 sta per Network and Information Systems Directive versione 2. È una direttiva focalizzata sulla resilienza informatica dei soggetti nell'Unione Europea da cui i cittadini dell'UE dipendono maggiormente per la loro sicurezza, protezione e benessere. Succede alla Direttiva NIS del 2016.
- **Direttiva CER (2022/2557)**
  La Direttiva CER sta per Critical Entities Resilience Directive. Affronta la resilienza delle Entità Critiche rispetto a tutti i pericoli, siano essi naturali o causati dall'uomo, accidentali o intenzionali. Affronta la resilienza di un'organizzazione oltre la resilienza informatica e si estende alle minacce fisiche come reati terroristici, sabotaggi e disastri naturali. I soggetti identificati come critici ai sensi della CER sono considerati essenziali ai sensi della NIS2. I requisiti specificati nella NIS2 prevalgono su eventuali requisiti contrastanti nella CER.

Delle quattro pubblicazioni, tre affrontano la resilienza nelle operazioni digitali dell'organizzazione. La sicurezza informatica è al centro di ciascuna di esse.

1.1 Sicurezza informatica nell'Unione Europea

Le tecnologie digitali sono essenziali per la maggior parte dei cittadini e delle imprese dell'UE. Le interruzioni operative potrebbero avere un effetto significativo sul ruolo dell'UE nella società mondiale. La dipendenza dell'Unione da sistemi e soluzioni provenienti da altre regioni del mondo crea una preoccupazione ulteriore che l'UE sia mal equipaggiata per controllare tali interruzioni. Le attività informatiche dannose possono minacciare direttamente la sua economia e i suoi cittadini. In alcuni casi, queste attività dannose possono persino cercare di minare la coesione e il funzionamento della democrazia in Europa.

La sicurezza informatica è stata nell'agenda dell'UE dall'inizio del secolo. È considerata fondamentale per la resilienza, la sicurezza e l'affidabilità dell'infrastruttura digitale, dei servizi e dell'economia dell'Europa.

La sicurezza informatica è cruciale per il futuro dell'UE per diversi motivi:

- **Le infrastrutture critiche devono essere protette.**
  Le infrastrutture critiche, come energia, trasporti, sanità e sistemi finanziari, dipendono dalle tecnologie digitali. Il loro funzionamento continuo è essenziale per il benessere dei cittadini dell'UE e per l'economia, nonché per sostenere il funzionamento della società.

- **La competitività economica deve essere mantenuta.**
  Un ambiente digitale sicuro e affidabile è essenziale per mantenere la competitività economica globale. Una buona sicurezza informatica fornisce fiducia e sicurezza nei servizi digitali, che a loro volta alimenteranno l'innovazione, consentiranno la crescita economica e manterranno la competitività.
- **I dati personali e la privacy devono essere protetti.**
  La privacy è una priorità nell'agenda dell'UE. I dati personali devono essere protetti nell'ambiente digitale utilizzando misure di sicurezza informatica robuste per sostenere i diritti e le libertà dei cittadini dell'UE.
- **L'economia dell'UE deve essere difesa dalle minacce informatiche.**
  La sicurezza informatica è una parte critica delle difese dell'UE contro le minacce informatiche come il crimine informatico, gli attacchi sponsorizzati da stati esteri e lo spionaggio informatico. Man mano che queste minacce evolvono i meccanismi di difesa informatica dell'UE devono evolversi con esse per proteggere la sicurezza nazionale e mantenere l'integrità delle istituzioni e dei processi dell'UE.
- **I cittadini dell'UE dovrebbero potersi fidare dei servizi digitali ed essere in grado di utilizzarli con sicurezza.**
  Tutti dovrebbero potersi fidare delle tecnologie digitali e sentirsi sicuri nelle loro interazioni digitali. Le misure di sicurezza informatica proteggono gli individui dai rischi informatici, dalle frodi e dagli abusi online, permettendo loro di partecipare pienamente alla società digitale.

1.2 La Strategia di Sicurezza Informatica del 2013

Nel 2013 l'UE ha adottato una strategia di sicurezza informatica che si concentrava sulla costruzione di un ambiente digitale sicuro e affidabile all'interno dell'Unione Europea. La strategia ha delineato cinque priorità.

1. **Rendere le reti e i sistemi informativi resilienti agli attacchi informatici.**
   La strategia raggiunge la resilienza attraverso:
   - Promozione delle pratiche di gestione del rischio;
   - Istituzione di un team di risposta alle emergenze per le istituzioni, gli organismi e le agenzie dell'Unione Europea (il CERT-EU);
   - Coinvolgimento in partenariati tra istituzioni pubbliche e private.
2. **Ridurre la criminalità informatica.**
   La riduzione del crimine informatico viene affrontata attraverso quadri giuridici e leggi, comprese le capacità di farle rispettare.
3. **Definire un quadro politico per la difesa informatica europea.**
   Stabilire un quadro di politica di difesa informatica europea comporta:
   - Miglioramento della cooperazione e della condivisione delle informazioni tra gli Stati membri;
   - Conduzione di esercitazioni di difesa informatica;
   - Supporto alla ricerca e allo sviluppo nel campo della sicurezza informatica.
4. **Potenziare le tecnologie di cybersicurezza dell'UE.**
   Il miglioramento delle risorse industriali e tecnologiche per la sicurezza informatica viene realizzato attraverso:
   - Incoraggiamento della ricerca e dell'innovazione;
   - Promozione dello sviluppo di standard di sicurezza informatica;
   - Supporto alla certificazione di prodotti e servizi.

5. **Creare e mantenere cooperazioni internazionali nel cyberspazio.**
   Le cooperazioni dovrebbero mirare a facilitare un cyberspazio aperto, sicuro e stabile. Le cooperazioni potrebbero essere tra Stati membri e altri Paesi, nonché tra enti pubblici e partner internazionali. Queste cooperazioni contribuirebbero allo sviluppo e alla pubblicazione di norme e standard internazionali per la sicurezza informatica.

Il GDPR è uno dei molti risultati della strategia.

1.3 La Strategia di Sicurezza Informatica per il Decennio Digitale

La Commissione Europea ha deciso di fare degli anni '20 il "Decennio Digitale" dell'Europa. In questo periodo l'Europa deve rafforzare la sua sovranità digitale e stabilire standard, piuttosto che seguire quelli di altre sovranità come gli Stati Uniti, con un chiaro focus su dati, tecnologia e infrastrutture.

Nel dicembre 2020 la Commissione Europea ha presentato la Strategia di Sicurezza Informatica dell'UE per il Decennio Digitale come una revisione della Strategia di Sicurezza Informatica del 2013. La Strategia di Sicurezza Informatica per il Decennio Digitale mira a:

- Sviluppare la sovranità tecnologica dell'UE in materia di sicurezza informatica;
- Costruire capacità per proteggere infrastrutture sensibili come le reti 5G;
- Ridurre la dipendenza da altre parti del mondo per tecnologie cruciali;
- Rafforzare la resilienza dell'Europa contro le minacce informatiche;
- Promuovere la fiducia nell'economia digitale.

Per garantire l'esecuzione efficace della strategia sono indispensabili politiche e investimenti nella sicurezza informatica dell'Unione.

La Strategia di Sicurezza Informatica per il Decennio Digitale ha tre obiettivi principali:

1. Rafforzare la resilienza collettiva dell'UE contro le minacce informatiche;
2. Promuovere un cyberspazio globale e aperto;
3. Far progredire una diplomazia informatica coerente dell'UE.

Essa delinea diverse azioni chiave per raggiungere i suoi obiettivi, tra cui:

- Sviluppare un organismo che rafforzi la risposta dell'UE agli incidenti informatici su larga scala;
- Rafforzare la sicurezza informatica dei settori critici, come energia, trasporti e finanza;
- Migliorare il quadro giuridico per la sicurezza informatica, inclusa la sostituzione della Direttiva NIS;
- Stabilire un quadro globale per il comportamento responsabile degli Stati nel cyberspazio.

1.4 Un'Europa pronta per l'era digitale (Europe Fit for the Digital Age)

Il Programma "Un'Europa pronta per l'era digitale" è stato lanciato dalla Commissione Europea nel dicembre 2019. Il programma può essere visto come un quadro strategico attraverso il quale l'UE riconosce l'importanza della trasformazione digitale e la necessità di adattare e preparare l'Europa e la sua popolazione per le opportunità e le sfide presentate dall'era digitale.

Il quadro comprende varie iniziative, politiche e obiettivi mirati a preparare l'Europa alla trasformazione digitale e a sfruttare il potenziale delle tecnologie digitali a beneficio dei cittadini e dell'economia dell'UE.

Il programma si concentra sulle seguenti priorità chiave:

- **Competenze digitali**: Promuovere l'alfabetizzazione digitale e garantire che gli europei abbiano le competenze necessarie per prosperare nell'era digitale;
- **Infrastrutture digitali**: Espandere la connettività ad alta velocità, comprese le reti 5/6G e l'accesso diffuso alla banda larga, per garantire servizi digitali affidabili e veloci;
- **Economia e società digitali**: Sostenere la crescita dell'economia digitale, promuovere l'innovazione e creare un ambiente favorevole e sicuro per le imprese che adottano tecnologie digitali;
- **Governance digitale**: Stabilire regole e quadri di riferimento chiari per affrontare le sfide digitali emergenti, inclusa la protezione dei dati, la sicurezza informatica e l'uso etico dell'intelligenza artificiale.

1.5 Il Programma Europa Digitale (DIGITAL)

Il Programma Europa Digitale (DIGITAL) è un programma di finanziamento da 7,5 miliardi di euro che mira a raggiungere l'obiettivo di un'Europa climaticamente neutra portando la tecnologia digitale alle imprese, ai cittadini dell'UE e alle amministrazioni pubbliche, ma in particolare alle piccole e medie imprese. Supporta progetti in cinque aree chiave:

1. Supercalcolo;
2. Intelligenza artificiale;
3. Cybersecurity e fiducia;
4. Competenze digitali avanzate;
5. Centri di innovazione digitale.

DIGITAL fornisce supporto finanziario per misure di sicurezza informatica e aggiornamenti tecnologici necessari per la conformità alla NIS2.

1.6 Il quadro normativo dell'UE

Il programma Un'Europa pronta per l'era digitale, il Programma Europa Digitale e la Strategia di Sicurezza Informatica dell'UE richiedono tutti un quadro normativo per migliorare la resilienza e rafforzare la capacità dell'UE di operare indipendentemente da altre nazioni. Il quadro è costituito da diverse direttive e leggi.

1.6.1 Il Regolamento sui mercati digitali (The Digital Markets Act - 2022)

L'Atto promuove mercati digitali più equi. Identifica le grandi piattaforme digitali, come motori di ricerca, app store e servizi di messaggistica, come "intermediari" ("gatekeeper"). Questi intermediari sono soggetti a requisiti specifici, come l'accesso e l'interoperabilità, per garantire una concorrenza leale, il divieto di autopreferenza, la trasparenza e il ranking equo divulgando gli algoritmi di ranking, e il divieto di pratiche che danneggiano la concorrenza.

1.6.2 Regolamento sui servizi digitali (The Digital Services Act - 2022)

L'Atto regola gli intermediari e le piattaforme online, come i marketplace, i social network, le piattaforme di condivisione di contenuti, gli app store e le piattaforme di viaggio online. Mira a prevenire attività illegali e dannose online, ridurre la diffusione della disinformazione e creare un ambiente online equo e aperto.

1.6.3 Direttiva sulle reti e sui sistemi informativi (NIS2: Network and Information Systems Directive - 2023)

Definisce misure per un alto livello comune di sicurezza informatica in tutta l'Unione. La versione rivista (NIS2) è entrata in vigore il 16 gennaio 2023.

1.6.4 Direttiva sulla Resilienza delle Entità Critiche (The Critical Entities Resilience Directive - 2023) - CER

La Direttiva migliora la resilienza dei soggetti che forniscono servizi vitali per le funzioni sociali e le attività economiche. La direttiva garantisce che queste entità possano prevenire, resistere, assorbire e riprendersi dalle interruzioni, come pericoli naturali, terrorismo, minacce interne, sabotaggi ed emergenze sanitarie.

1.6.5 Il Regolamento sulla Resilienza Operativa Digitale (DORA: Digital Operational Resilience Act - 2023)

L'Atto rafforza la sicurezza IT per i soggetti finanziari come banche, assicurazioni e società di investimento. Armonizza le regole per 20 tipi di entità finanziarie e fornitori di servizi ICT di terze parti, garantendo la loro resilienza durante gravi interruzioni operative.

1.6.6 Portafoglio europeo di identità digitale (The European Digital Identity Wallet - 2023)

Il Portafoglio europeo di Identità Digitale consente ai cittadini di dimostrare la propria identità in tutta l'UE quando accedono ai servizi online, condividono documenti digitali o verificano attributi personali specifici (come l'età) senza rivelare dettagli completi dell'identità. Migliora la sicurezza e i vantaggi sia per gli utenti che per le imprese.

1.6.7 Regolamento sui semiconduttori (The European Chips Act - 2023)

L'Atto mira a rafforzare la leadership tecnologica dell'Europa nelle tecnologie e applicazioni dei semiconduttori. Affronta le carenze globali di semiconduttori e le sfide della catena di approvvigionamento supportando la produzione su larga scala, l'innovazione, la ricerca e le competenze nel settore dei chip.

1.6.8 Regolamento sull'intelligenza artificiale (The Artificial Intelligence Act - 2024)

L'Atto mira a stabilire regole armonizzate per l'intelligenza artificiale (AI) all'interno dell'Unione Europea. Affronta sia i benefici che i rischi associati all'AI, garantendo che il suo sviluppo sia in linea con i valori, i diritti fondamentali e i principi dell'UE. L'atto copre definizioni, classificazione dei rischi, divieti, protezione dei diritti, governance e applicazione.

1.6.9 Regolamento europeo sui dati (The European Data Act - 2024)

L'Atto è stato progettato per migliorare l'economia dei dati dell'UE e promuovere un mercato dei dati competitivo. L'Atto rende i dati (ad esempio i dati industriali) più accessibili e utilizzabili, incoraggiando l'innovazione basata sui dati e aumentando la disponibilità dei dati. Uno dei modi in cui l'Atto mira a raggiungere questo obiettivo è chiarendo chi può creare valore dai dati e a quali condizioni. In questo modo contribuisce ad avanzare la trasformazione digitale e a stabilire un mercato unico dei dati nell'UE. Incoraggia la condivisione sicura dei dati tra i settori, a beneficio sia dell'economia europea che della società nel suo complesso.

1.6.10 Il Regolamento sulla resilienza informatica (Cyber Resilience Act - 2024)

L'Atto mira a migliorare la sicurezza informatica per i prodotti e i software con componenti digitali. Impone requisiti di sicurezza informatica per i produttori e i rivenditori, garantendo prodotti più sicuri durante tutto il loro ciclo di vita. Consumatori e imprese beneficiano di una maggiore sicurezza e di scelte informate quando acquistano prodotti con marchio CE.

CNIS2

Panoramica della Direttiva NIS2

2 Basi e struttura della Direttiva NIS2

2.1 La Direttiva NIS del 2016

Nel 2016 è entrata in vigore la Direttiva Network and Information Systems (NIS). Nella maggior parte degli Stati membri la Direttiva è stata adottata nella legislazione locale nel 2018.

L'intenzione della NIS era di stabilire capacità di sicurezza informatica uniformi in tutta l'Unione. Il suo ambito era rivolto ai sistemi informativi e di rete dei soggetti che fornivano servizi essenziali in settori chiave. I servizi essenziali erano considerati quelli che, se interrotti, avrebbero influito significativamente sul funzionamento dell'economia e della società dell'Unione.

La NIS si è dimostrata molto efficace poiché la resilienza informatica dei soggetti coinvolti, sia enti privati che pubblici, è migliorata significativamente. Alcuni dei risultati della NIS sono:

- Il completamento di quadri di riferimento e strategie nazionali sulla sicurezza dei sistemi informativi e di rete;
- L'istituzione di capacità nazionali di sicurezza informatica;
- L'implementazione di misure regolamentari che coprono le infrastrutture essenziali e le entità identificate da ciascuno Stato membro;
- Una migliore cooperazione tra gli Stati membri attraverso l'istituzione del Gruppo di Cooperazione e della rete di team nazionali di risposta agli incidenti di sicurezza informatica.

Dall'adozione della NIS ci sono stati cambiamenti significativi nel mondo e, nonostante i risultati sopra menzionati, le revisioni hanno rivelato carenze intrinseche che impediscono alla NIS di affrontare efficacemente le sfide attuali ed emergenti della sicurezza informatica. Di conseguenza la Strategia di Sicurezza Informatica per il Decennio Digitale ha incluso l'iniziativa di aggiornare la Direttiva NIS.

2.1.1 Carenze della Direttiva NIS

I sistemi informativi e di rete giocano un ruolo sempre più centrale nella vita quotidiana. Le trasformazioni digitali, gli scambi transfrontalieri e le interazioni sociali digitali senza confini sono diventati gli elementi sociali più comuni e attesi. Questa crescita delle opportunità informatiche porta con sé allo stesso tempo una crescita delle minacce informatiche. L'espansione del panorama informatico introduce nuove sfide che richiedono risposte meglio coordinate e innovative.

Dall'adozione della Direttiva NIS, il numero, la magnitudine, la sofisticazione, la frequenza e l'impatto degli incidenti legati alla sicurezza informatica sono cresciuti, spesso in modo esponenziale. Queste minacce informatiche rappresentano una preoccupazione importante per il funzionamento dell'Unione e dei singoli Stati membri. Possono ostacolare le attività economiche, generare perdite finanziarie, minare la fiducia degli utenti e causare danni significativi al funzionamento dell'economia e della società dell'UE. Un programma di sicurezza informatica efficace e la preparazione dei soggetti che contribuiscono al funzionamento dell'economia e della società sono quindi diventati più essenziali che mai per il corretto funzionamento del mercato interno europeo. Questi cambiamenti nel panorama sono insufficientemente affrontati nella Direttiva NIS in diverse aree, inclusa la definizione dei soggetti, dove l'impatto della catena di approvvigionamento è stato sottovalutato, così come gli approcci per affrontare le minacce.

L'insufficienza è causata in parte dalle variazioni nell'implementazione della NIS nei vari Stati membri. Esistono grandi differenze sia nei requisiti che nella supervisione. In alcuni casi le interpretazioni dei requisiti sono in conflitto tra le implementazioni della NIS dei vari Paesi, il che grava in modo sproporzionato sulle aziende che offrono servizi e prodotti transfrontalieri.

2.1.2 Come la NIS2 migliora la Direttiva NIS

La Direttiva NIS2 è stata introdotta per affrontare le carenze della NIS e per preparare l'Unione a un panorama informatico più dinamico, in modo che la maggior parte dei soggetti operanti nell'Unione possano affidarsi e dipendere ancora di più da tale panorama. Introduce nuovi requisiti per migliorare ulteriormente la resilienza informatica dell'UE e per affrontare l'aumento significativo dell'uso di servizi di terze parti e ambienti di cloud computing.

La Direttiva NIS2 ora migliora la NIS originale attraverso i seguenti punti:

- Sono stati aggiunti nuovi requisiti per affrontare la sicurezza della catena di approvvigionamento;
- Sono stati inclusi requisiti più concreti per affrontare la supervisione da parte degli Stati membri, inclusa una maggiore diligenza nell'imporre sanzioni ai soggetti che non rispettano la Direttiva;
- La classificazione di "Operatore di servizi essenziali" è stata sostituita da due nuove classificazioni di "essenziale" e "importante";
- Molti nuovi tipi di soggetti sono stati aggiunti all'ambito per migliorare la sicurezza e la resilienza dell'UE, tra cui molti dei subappaltatori e fornitori di servizi con accesso a infrastrutture critiche.

Il mandato di applicazione per le autorità è stato esteso significativamente. È stato anche aggiunto un requisito di segnalazione rigoroso in cui i soggetti devono segnalare qualsiasi incidente entro 72 ore, con un avviso preliminare entro 24 ore. Questo consente alle autorità di reagire rapidamente e migliorare la possibilità di contenere la minaccia informatica e limitare il suo impatto sul funzionamento dell'economia e della società il più possibile. In caso di incidente di sicurezza e di rifiuto di cooperare con le autorità, la NIS2 fornisce agli Stati membri il diritto di ingiunzione (essenzialmente costringendo le organizzazioni ad aderire alle istruzioni) o di bypassare la gestione dell'organizzazione per far rispettare le istruzioni. A seconda della classificazione del soggetto che viola le normative, le autorità possono anche emettere multe fino al 2% del fatturato.

2.2 Ambito della NIS2

La NIS2 si applica sia ai soggetti pubblici che privati. La Direttiva ha un elenco di settori e tipi di soggetti (definiti nei suoi Allegati I e II) che sono inclusi nell'ambito se sono almeno medie imprese come descritto nella figura 2.1.

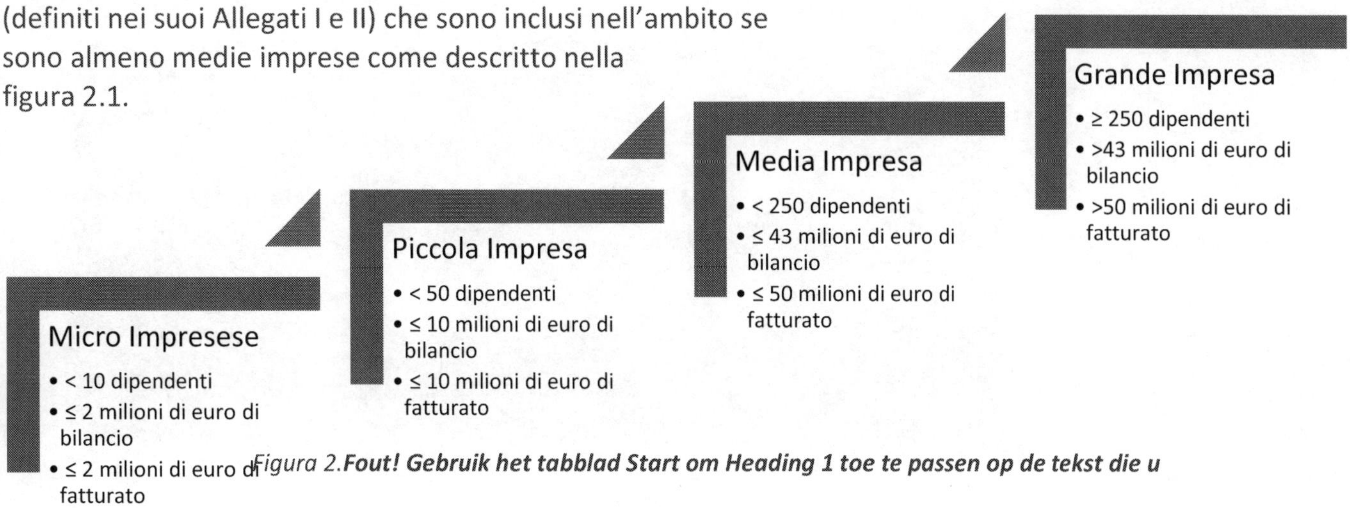

*Figura 2.**Fout! Gebruik het tabblad Start om Heading 1 toe te passen op de tekst die u***

Quando si calcola la dimensione dell'impresa il numero di dipendenti è calcolato in base all'occupazione a tempo pieno e include i contrattisti di terze parti, sebbene escluda i tirocinanti. Chiunque lavori part-time è calcolato in base alla quantità relativa di tempo che lavora. Ci sono ulteriori considerazioni basate sul fatto che l'organizzazione sia un'impresa partner o collegata. Queste considerazioni dovrebbero essere viste in linea con le definizioni fornite nell'Allegato alla Raccomandazione della Commissione 2003/361.

Ci sono alcune eccezioni alle restrizioni di dimensione. La NIS2 si applica a tutte i soggetti, indipendentemente dalla loro dimensione, che sono:

- Fornitori di reti di comunicazione elettronica pubbliche o di servizi di comunicazione elettronica accessibili al pubblico;
- Fornitori di servizi fiduciari;
- Registri dei nomi di dominio di primo livello e fornitori di servizi del sistema dei nomi di dominio;
- L'unico fornitore in uno Stato membro di un servizio essenziale per il mantenimento di attività critiche sociali o economiche;
- Fornitori di servizi che, se interrotti, potrebbero avere un impatto significativo sulla sicurezza pubblica, sulla incolumità o sulla salute pubblica;
- Fornitori di servizi che, se interrotti, potrebbero indurre un rischio sistemico significativo, in particolare per i settori in cui tale interruzione potrebbe avere un impatto transfrontaliero;
- Critici a causa della loro importanza specifica a livello nazionale o regionale per il particolare settore o tipo di servizio, o per altri settori interdipendenti nello Stato membro;
- Entità di amministrazione pubblica del governo centrale;
- Entità di amministrazione pubblica a livello regionale che, a seguito di una valutazione basata sul rischio, forniscono servizi la cui interruzione potrebbe avere un impatto significativo su attività critiche sociali o economiche;
- Designate come Soggetti Critici ai sensi della CER;
- Entità che forniscono servizi di registrazione di nomi di dominio.

Gli Stati membri possono scegliere di applicare la NIS2 alle entità di amministrazione pubblica a livello locale e alle istituzioni educative, in particolare dove svolgono attività di ricerca critiche.

Non definito	Non tipizzato	Essenziale			Deciso dallo Stato membro	Importante	Escluso
				Grandi soggetti elencati nell'Allegato I	Fornitori unici di attività economiche o sociali essenziali in settori dell'Allegato I o II	Medi soggetti elencati nell'Allegato I	Esclusioni dal campo di applicazione del DORA
		Servizi fiduciari provenienti da enti nazionali o pubblici di sicurezza, difesa o forze dell'ordine	Fornitori di servizi di nomi di dominio	Registri di nomi a dominio di primo livello	Soggetti con impatto significativo sulla sicurezza pubblica, sulla incolumità o sulla salute in settori dell'Allegato I o II	Medi o Grandi soggetti elencati nell'Allegato II	Soggetti che servono esclusivamente la sicurezza nazionale, la sicurezza pubblica, la difesa e l'applicazione della legge

	Istituzioni educative, in particolare dove svolgono attività di ricerca critiche	Soggetti identificati ai sensi del CER	Governo centrale	Fornitori di servizi DNS	Soggetti che possono causare un rischio sistemico con potenziale impatto transfrontaliero in settori dell'Allegato I o II	Governo regionale non grande	Soggetti che svolgono attività nella sicurezza nazionale, nella sicurezza pubblica, nella difesa e nell'applicazione della legge
Soggetti nell'ambito NIS	Governo locale	Soggetti di comunicazione elettronica di grandi/medie dimensioni	Grande governo regionale	Fornitori di servizi fiduciari	Soggetti critici per settori a livello nazionale o regionale o per un tipo di servizio in settori dell'Allegato I o II	Soggetti di comunicazione elettronica piccoli o micro	Sicurezza nazionale, sicurezza pubblica, difesa e applicazione della legge

*Figura 2**Fout! Gebruik het tabblad Start om Heading 1 toe te passen op de tekst die u hier wilt weergeven.**.2 – Panoramica dell'ambito e del tipo dei soggetti*

2.3 Tipi di soggetti

Combinati, la Direttiva sulla Resilienza delle Entità Critiche (CER) e la NIS2 hanno introdotto tre classificazioni di soggetti, ovvero Soggetti Critici, Essenziali e Importanti.

- **Soggetti Critici**: Questo è un tipo identificato nella CER. I Soggetti Critici forniscono servizi cruciali per il funzionamento dell'economia, della società, della salute pubblica e della sicurezza o dell'ambiente.
- **Soggetti Essenziali:** Come i Soggetti Critici, queste entità forniscono servizi cruciali per il funzionamento dell'economia, della società, della salute pubblica e della sicurezza o dell'ambiente. Tali soggetti sono classificati come Soggetti Essenziali nella NIS2 in quanto fornitori di servizi cruciali che si basano su tecnologie digitali per fornire tali servizi.
- **Soggetti Importanti:** Le entità che forniscono servizi in aree cruciali ma sono state escluse dall'elenco dei Soggetti Essenziali possono essere classificate come Soggetti Importanti. Allo stesso modo i Soggetti Importanti possono essere fornitori di servizi che sono critici per i servizi cruciali forniti dai Soggetti Essenziali.

I soggetti nell'ambito della NIS2 sono classificati come Soggetti Essenziali e Importanti.

La NIS2 include due Allegati che specificano i tipi di soggetti che possono essere considerati essenziali e importanti. L'ambito è ulteriormente definito da un insieme di regole, in cui la dimensione è il fattore principale, escludendo la maggior parte delle micro e piccole imprese. Tutte le entità che la CER considera Soggetti Critici sono considerate Soggetti Essenziali, indipendentemente dal fatto che siano specificate negli allegati della NIS2 come soggetti inclusi nell'ambito della Direttiva.

La NIS2 specifica la classificazione di molti tipi di entità ma consente agli Stati membri di ampliare l'elenco secondo necessità. Gli Stati membri dovranno aver stabilito un elenco di Soggetti Essenziali e Importanti entro il 17 aprile 2025. Una panoramica grafica dei diversi tipi di soggetti in relazione alle entità nell'ambito può essere trovata nella figura 2Fout! **Gebruik het tabblad Start om Heading 1 toe te passen op de tekst die u hier wilt weergeven.**.2, pagina 20.

2.3.1 Soggetti Critici

La Direttiva sulla Resilienza delle Entità Critiche (CER - Critical Entities Resilience Directive) affronta la resilienza delle entità che forniscono servizi critici nell'Unione la cui interruzione può avere un impatto significativo sul funzionamento dell'economia e della società.

La Direttiva affronta la resilienza da un ampio spettro, concentrandosi su tutto ciò che è necessario affinché i soggetti nell'ambito siano resilienti contro i disastri. Per le interruzioni basate su minacce informatiche, la CER si riferisce alla NIS2.

Il termine Soggetti Critici è utilizzato nella CER. Da una prospettiva NIS2, qualsiasi entità identificata come critica dalla CER deve essere un Soggetto Essenziale ai sensi della NIS2 (Articolo 3(1f)). I Soggetti Critici sono entità pubbliche o private che:

- Forniscono uno o più servizi essenziali;
- Operano nell'Unione Europea;
- Hanno la loro infrastruttura critica situata nell'UE;
- Potrebbero causare una significativa interruzione se colpite da un incidente.

2.3.2 Soggetti Essenziali

I Soggetti Essenziali sono entità la cui interruzione avrà un impatto significativo sull'UE e sulla sua economia, sicurezza pubblica, incolumità o salute pubblica. La NIS2 ha identificato un insieme di regole che determinano quali entità devono essere classificate come essenziali. I soggetti sono considerati essenziali quando:

- Sono elencati nell'Allegato I della Direttiva e sono più grandi delle medie imprese;
- Sono fornitori di servizi fiduciari qualificati, registri di nomi di dominio di primo livello o fornitori di servizi DNS, indipendentemente dalle dimensioni;
- Sono almeno medie imprese che forniscono reti di comunicazione elettronica pubbliche o servizi di comunicazione elettronica accessibili al pubblico;
- Sono entità di amministrazione pubblica del governo centrale, escludendo le entità nei settori della sicurezza nazionale, sicurezza pubblica, difesa o applicazione della legge;
- Sono entità di amministrazione pubblica a livello regionale che forniscono servizi che, se interrotti, influiscono significativamente su attività critiche sociali o economiche;
- Sono gli unici fornitori di un servizio essenziale in uno Stato membro per il mantenimento di attività critiche sociali o economiche;
- L'interruzione del loro servizio potrebbe avere un impatto significativo sulla sicurezza pubblica, incolumità o salute pubblica;
- L'interruzione del loro servizio potrebbe indurre un rischio sistemico significativo (il rischio di un collasso di un intero sistema piuttosto che semplicemente il fallimento di singole parti), in particolare per i settori in cui tale interruzione potrebbe avere un impatto transfrontaliero;
- Sono critici a causa della loro importanza specifica a livello nazionale o regionale per il settore o tipo di servizio, o per altri settori interdipendenti nello Stato membro;
- Sono stati identificati come soggetti critici ai sensi della CER.

Se uno Stato membro ha ampliato l'elenco degli operatori di servizi essenziali prima del momento in cui la NIS2 è entrata in vigore, questi operatori possono essere inclusi come Soggetti Essenziali ai sensi della NIS2.

2.3.3 Soggetti Importanti

I soggetti di un tipo menzionato nell'Allegato I o II che non si qualificano come Soggetti Essenziali, sono Soggetti Importanti. Questo include le entità identificate dagli Stati membri come Soggetti Importanti perché:

- Il soggetto è l'unico fornitore di un servizio essenziale per il mantenimento di attività critiche;
- Le interruzioni del servizio fornito dal soggetto possono avere un impatto significativo sulla sicurezza pubblica, incolumità o salute pubblica;
- L'interruzione del servizio fornito dal soggetto potrebbe causare una cascata di eventi dirompenti, possibilmente anche transfrontalieri (rischio sistemico);
- Ha un'importanza specifica a livello nazionale o regionale per un particolare settore o tipo di servizio, o per altri settori interdipendenti.

2.3.4 Differenze tra Soggetti Essenziali e Importanti

Il Considerando 15 della NIS2 afferma che i soggetti rientranti nell'ambito della NIS2 dovrebbero essere classificati in Soggetti Essenziali e Importanti. La classificazione dovrebbe riflettere la misura in cui sono critici in relazione al settore in cui operano o al tipo di servizio che forniscono, nonché alle loro dimensioni.

I regimi di supervisione e applicazione per queste due categorie di soggetti sono differenziati per garantire un equilibrio equo tra requisiti basati sul rischio e obblighi da un lato, e il carico amministrativo derivante dalla supervisione della conformità dall'altro.

La NIS2 ha creato un insieme di requisiti molto più rigorosi per la supervisione dei Soggetti Essenziali rispetto ai Soggetti Importanti.

2.4 Struttura della NIS2

2.4.1 Direttiva o regolamento

La NIS2 è una Direttiva. Dovrebbe essere vista come un'istruzione agli Stati membri per creare una legge nazionale basata sui requisiti stabiliti nella Direttiva. Le direttive hanno diversi tipi di requisiti. Gli Stati membri saranno tenuti a:

- Incorporare alcuni dei requisiti nella legge nazionale senza alcun cambiamento strutturale nel testo rispetto al testo della Direttiva;
- Interpretare i requisiti e allinearli a ciò che si adatta meglio in relazione alle loro leggi nazionali;
- Scegliere di includere i requisiti nella legge o lasciarli fuori completamente.

La NIS2 è entrata in vigore il 16 gennaio 2023. Gli Stati membri hanno avuto 21 mesi per tradurre la Direttiva in legge nazionale. Pertanto entro il 17 ottobre 2024 gli Stati membri devono adottare e pubblicare la legge nazionale che rispetta la Direttiva NIS2. La legge nazionale si applicherà immediatamente, il che significa che a partire dal 18 ottobre 2024 (al più tardi) i soggetti devono conformarsi alla legislazione nazionale derivata dalla NIS2.

Fino a quando uno Stato membro non trascrive la Direttiva in legge nazionale, i soggetti nell'ambito di tale Stato membro sono esenti da qualsiasi obbligo della Direttiva.

2.4.2 Considerando e Disposizioni

La NIS2 è composta da Considerando e Disposizioni. I Considerando sono il testo all'inizio della NIS2 che descrive il contesto della Direttiva e dà un'idea di come interpretare le Disposizioni. Sono introdotti dalla parola "Considerando" e sono numerati da 1 a 144.

I Considerando di per sé non hanno conseguenze giuridicamente vincolanti mentre invece le Disposizioni le hanno.

Le Disposizioni sono concise ma spesso lasciano spazio all'interpretazione. Se una Disposizione può essere interpretata in modi diversi, i Considerando forniscono il contesto su come le Disposizioni dovrebbero essere lette. La Corte di Giustizia dell'UE (CGUE) adotta un'interpretazione "finalistica" (teleologica) della NIS2. Se il testo di una Disposizione è poco chiaro, piuttosto che affrontarlo letteralmente la CGUE lo interpreterà in base allo scopo o allo spirito della legislazione come contestualizzato nei Considerando. Tuttavia il contenuto delle Disposizioni operative prevale sempre sul contenuto di eventuali Considerando associati: se i Considerando sono incoerenti con una Disposizione, allora il testo della Disposizione avrà la precedenza.

Le Disposizioni stabiliscono i requisiti giuridicamente vincolanti. Sono divise in capitoli, articoli e, dove appropriato, paragrafi, ciascuno numerato separatamente. Ci sono nove capitoli nella NIS2 e quarantasei articoli. Gli articoli sono numerati unicamente come Disposizioni individuali in tutta la NIS2. La numerazione degli articoli è continua e non influenzata dalle divisioni dei capitoli.

Molti articoli sono estesi e affrontano i requisiti che vengono descritti per diverse situazioni e tipi di soggetti. Dove questo è il caso, gli articoli sono divisi in paragrafi. Alcuni paragrafi sono estesi e possono avere una ulteriore divisione in commi. Il numero degli articoli è rappresentato in questo manuale come segue:

Articolo 21(2g) = Articolo 21, Paragrafo 2, Comma g

2.4.3 I nove capitoli della NIS2

La NIS2 è divisa in nove capitoli e tre allegati. Ciascuno è brevemente descritto di seguito:

- **Capitolo I: Disposizioni generali**
  Una panoramica generale della NIS2, inclusa una descrizione dell'oggetto, dell'ambito, dell'allineamento ad altre leggi e delle definizioni dei termini.
- **Capitolo II: Framework coordinati in materia di cybersicurezza**
  Requisiti nazionali per ciascuno Stato membro, inclusi lo sviluppo di una strategia nazionale di sicurezza informatica e la designazione o la creazione di varie istituzioni e autorità.
- **Capitolo III: Cooperazione a livello dell'Unione e internazionale**
  I requisiti a livello dell'Unione e la formalizzazione del desiderio di cooperare a livello internazionale.
- **Capitolo IV: Misure di gestione del rischio informatico e obblighi di segnalazione**
  I requisiti che ciascun soggetto deve rispettare.
- **Capitolo V: Giurisdizione e registrazione**
  Chiarimenti giurisdizionali su dove i soggetti sono rappresentati in più Stati membri.
- **Capitolo VI: Condivisione delle informazioni**
  Le possibilità di condividere i risultati su base volontaria.
- **Capitolo VII: Supervisione e applicazione**
  I diritti delle autorità e le conseguenze della violazione della NIS2.
- **Capitolo VIII: Atti delegati e di esecuzione**
  Atti delegati che possono introdurre specifiche giuridicamente vincolanti sulla legge e gli atti di esecuzione che facilitano l'implementazione della legge nel quadro legislativo di uno Stato membro.
- **Capitolo IX: Disposizioni finali**
  Manutenzione e implementazione della NIS2.

- **Allegato I e II: Settori, sotto settori e tipi di soggetti nell'ambito della NIS2**
- **Allegato III: Tabella di correlazione con la NIS originale**

3 Concetti di sicurezza nella NIS2

Nella NIS2 viene utilizzata molta terminologia per la quale è utile una spiegazione di base. Questo capitolo fornisce una panoramica dei concetti chiave utilizzati nella Direttiva.

3.1 Sistemi Informativi e di Rete

I Sistemi Informativi e di Rete sono definiti dalla NIS2 attraverso i seguenti concetti:

- Una rete di comunicazioni elettroniche. Un sistema di trasmissione che trasporta segnali elettronicamente, come via cavo, radio, ottico, satellitare, reti fisse e mobili. La rete potrebbe essere una rete locale o potrebbe essere strutturata con elementi centralizzati come Internet.
- Qualsiasi dispositivo o gruppo di dispositivi che eseguono l'elaborazione automatica dei dati digitali in conformità con un programma.
- Tutti i dati digitali che sono memorizzati, elaborati, recuperati o trasmessi dai dispositivi o dalla rete descritti nei primi due punti per operare, utilizzare, proteggere e mantenere tali dispositivi o rete.

La definizione sopra, fornita nell'Articolo 6(1) della Direttiva, chiarisce che la NIS2 ha combinato due termini distinti in un unico concetto:

- Reti, e
- Sistemi Informativi.

3.2 Proprietà della sicurezza delle informazioni

Le proprietà standard della sicurezza delle informazioni di un bene sono riservatezza (o confidenzialità), integrità e disponibilità, anche conosciute come la Triade CIA. Oltre alla Triade CIA ci sono altre tre proprietà che sono spesso considerate. Queste sono autenticità, affidabilità e non ripudio. Queste ultime tre spesso ricevono meno attenzione dagli specialisti della sicurezza delle informazioni.

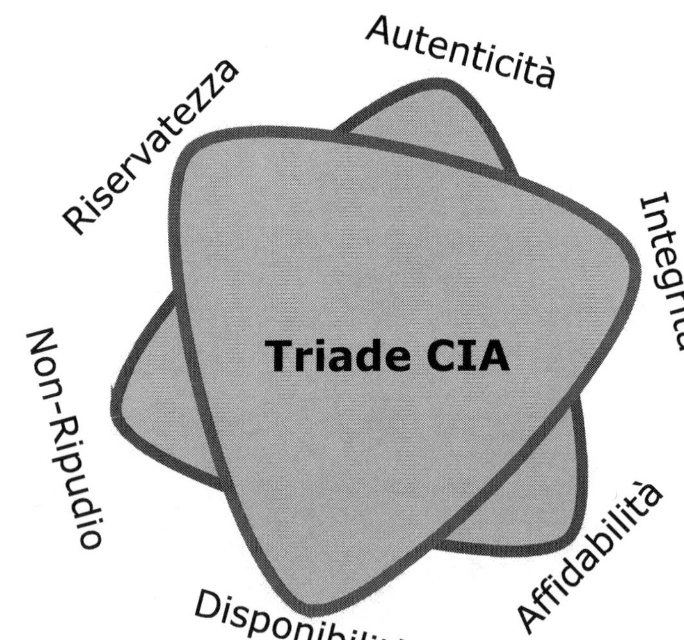

La NIS2 ha incluso l'autenticità come una quarta proprietà che deve essere considerata nella sicurezza dei sistemi informativi e di rete.

3.2.1 Riservatezza

La riservatezza si riferisce alla proprietà dell'informazione di essere resa disponibile o divulgata solo a individui, entità o processi autorizzati. Un bene deriva la sua proprietà di riservatezza in base alle informazioni che detiene, utilizza e trasmette.

Esempio:

Un amministratore delle buste paga utilizza un laptop per pagare gli stipendi. Per fare ciò, utilizza i dati bancari personali e i dati personali di base di ciascun dipendente. I dati personali di base sono stati classificati come "Media" e i dati bancari personali sono stati classificati come "Alta". La classificazione più alta viene applicata al bene, risultando in una classificazione di riservatezza "Alta" per il laptop.

3.2.2 Integrità

L'integrità riguarda l'accuratezza e la completezza delle informazioni nel bene. L'integrità è classificata in base alla sua importanza nel risultato di un processo. Più un'organizzazione dipende dall'accuratezza dei risultati di un processo, maggiore diventa la necessità di integrità.

Esempio:

Un database utilizzato dal dipartimento dei vigili del fuoco contiene gli indirizzi di tutte le proprietà all'interno della loro regione. Il dipartimento di comunicazione utilizza il database per distribuire comunicazioni di sensibilizzazione sull'uso dei rilevatori di fumo, utilizzando gli indirizzi per stampare le etichette degli indirizzi per le buste. Alcuni degli indirizzi hanno un codice postale errato causato da errori di digitazione. Di conseguenza, alcune delle etichette hanno il nome della strada corretto, ma il codice postale sbagliato. Il livello di integrità è "Basso" perché molto probabilmente la comunicazione verrà comunque consegnata correttamente poiché il nome della strada e il numero civico sono corretti, e anche se la comunicazione non può essere consegnata l'impatto negativo è minimo.

Lo stesso database è anche utilizzato dalla squadra di prevenzione che utilizza il database per informare le persone della necessità di evacuare in caso di incidenti che comportano un alto livello di inquinanti nell'aria. Il database è filtrato sul codice postale. Il livello di integrità di quelle stesse informazioni è ora "Alto" perché l'impatto può essere fatale per i membri della comunità. Poiché il database è utilizzato per entrambi i processi, la classificazione di integrità di quel bene è "Alta".

3.2.3 Disponibilità

La disponibilità descrive il requisito per i beni di essere disponibili per l'esecuzione di un processo. I beni in sé non hanno alcun requisito di disponibilità. La disponibilità conta solo se il bene è richiesto nell'esecuzione di un processo.

Esempio:

Un'applicazione è utilizzata per autorizzare in un porto il rilascio di prodotti da un magazzino al camion che si presenta al punto di carico. Se i camion rimangono troppo a lungo al punto di carico la coda di camion in attesa crescerà al punto da bloccare l'accesso a gran parte del porto. Il livello di disponibilità è "Alto" perché l'impatto negativo sull'organizzazione sarà grave.

L'applicazione è anche utilizzata per monitorare le scorte nel magazzino. Se le scorte non possono essere monitorate si potrebbe avere una carenza di prodotti in magazzino. Tuttavia il magazzino è ampiamente fornito e può gestire almeno una settimana con i livelli di scorta di base. Il livello di disponibilità di quelle stesse informazioni è ora "Basso" perché l'impatto è piccolo e non immediato. Poiché l'applicazione viene usata per entrambi i processi, la classificazione di disponibilità di quel bene è "Alta".

3.2.4 Autenticità

L'autenticità descrive una proprietà delle informazioni ricevute o dell'origine delle informazioni piuttosto che del bene. La proprietà indica il livello di fiducia riposto nell'informazione come genuina e verificabile. Esprime un livello di fiducia nella validità di una trasmissione, di un messaggio o dell'origine di un messaggio.

Esempio:

Un impiegato della contabilità riceve una fattura per un importo di denaro insolitamente elevato. La fattura è stata inviata da un contatto del fornitore con cui non ha mai avuto rapporti prima. Il livello di autenticità del messaggio è "Basso" e richiede verifica prima di essere elaborato.

Una fattura ricevuta da un contatto familiare per un importo di denaro previsto da trasferire a un numero di conto bancario precedentemente utilizzato ha un "Alto" livello di autenticità. In molti casi, la transazione viene quindi eseguita senza ulteriori verifiche.

3.2.5 Non ripudio

Il riferimento al non ripudio è assente nella NIS2. È la proprietà di provare l'occorrenza di un evento o di un'azione dichiarata e delle sue entità di origine. Il non ripudio si raggiunge quando si prova irrevocabilmente che l'entità originaria corrisponde all'identità originaria dichiarata di un evento o di un'azione e che l'integrità delle informazioni ricevute è solida.

3.2.6 Affidabilità

Come il non ripudio, l'affidabilità non è menzionata nella Direttiva. È la proprietà che indica un comportamento e risultati coerenti e intenzionali.

3.3 Minacce

Una minaccia è un evento, capacità, circostanza o azione che può lanciare un attacco alla tua organizzazione che, se riuscito, porti a un impatto negativo sull'organizzazione, su una persona, sulla società o sul funzionamento dell'economia. La probabilità che una minaccia causi danni con successo è determinata dalla sfruttabilità di una vulnerabilità da parte di quella minaccia.

Una minaccia può essere un fenomeno naturale (come un terremoto o una tempesta), o può essere iniziata da un attore di minaccia. Quando è coinvolto un attore di minaccia, la probabilità di uno sfruttamento riuscito è in parte determinata da quanto è motivato l'attore a iniziare la minaccia contro un obiettivo specifico e da quanto è abile l'attore nel superare le misure protettive che l'obiettivo ha introdotto contro un exploit riuscito.

3.3.1 Minaccia informatica

Una Minaccia informatica è un sottoinsieme di minacce che mette in pericolo le tue operazioni nel cyberspazio. Le minacce informatiche sono descritte dal Regolamento sulla cybersicurezza (Cybersecurity Act - 2019) come qualsiasi circostanza, evento o azione potenziale che potrebbe danneggiare, interrompere o altrimenti influenzare negativamente i sistemi informativi e di rete, gli utenti di tali sistemi e altre persone. La definizione implica il contesto del cyber, che si riferisce al termine "cyberspazio".

3.3.2 Minaccia informatica significativa

La NIS2 si riferisce a una Minaccia informatica significativa quando una minaccia informatica può potenzialmente causare un grave impatto sui tuoi sistemi informativi e di rete o sugli utenti dei tuoi servizi, risultando in danni materiali o non materiali considerevoli.

3.4 Vulnerabilità

Una vulnerabilità è una debolezza, suscettibilità o difetto di un bene che può essere sfruttato da una minaccia. Senza vulnerabilità nella tua organizzazione le minacce non sarebbero in grado di sfruttare i beni informativi e quindi non sarebbero in grado di causare danni.

Le vulnerabilità nei processi derivano sempre dalle vulnerabilità nei beni informativi che sono utilizzati a supporto del processo. Implementando controlli preventivi riduci la probabilità che le vulnerabilità possano essere sfruttate dalle minacce. Più alta è la capacità preventiva dei controlli, più è probabile che l'organizzazione possa resistere a un exploit da parte di una minaccia attraverso la vulnerabilità.

Le vulnerabilità sono raramente specifiche e uniche per una sola organizzazione. Sono principalmente associate a tipi di beni informativi generici presenti in una moltitudine di organizzazioni. Ad esempio un'alimentazione elettrica instabile è una vulnerabilità che esiste in qualsiasi computer, indipendentemente dall'organizzazione; il codice vulnerabile nel sistema operativo Windows esisterà in qualsiasi sistema che utilizza Microsoft Windows, e così via.

Ci sono organizzazioni che registrano tutte le vulnerabilità identificate e le classificano genericamente. Queste raccolte sono conosciute come Common Vulnerabilities and Exposures, o CVE in breve. CVE è un sistema per identificare e fornire nomi standardizzati o codici di identificazione per vulnerabilità ed esposizioni pubblicamente conosciute in software e hardware.

L'Articolo 12(2) della NIS2 richiede a ENISA di sviluppare e mantenere un database europeo delle vulnerabilità. Il database sarà reso disponibile a tutte le organizzazioni, indipendentemente dal fatto che rientrino nell'ambito della NIS2, e ciascuna organizzazione sarà in grado di divulgare e registrare volontariamente le vulnerabilità nei propri prodotti e servizi ICT.

3.5 Eventi e quasi-incidenti

Un evento è qualcosa che accade, solitamente legato a un'occorrenza significativa. Un evento di sicurezza delle informazioni è qualcosa che accade e ha il potenziale di essere dirompente per il tuo trattamento delle informazioni. Ad esempio un tentativo di accesso a un sistema è considerato un evento, così come l'apertura di una pagina web.

Un evento di sicurezza delle informazioni innescato quando una minaccia cerca di sfruttare una vulnerabilità è un evento di minaccia. Gli eventi di minaccia hanno il potenziale di compromettere la disponibilità, l'autenticità, l'integrità o la riservatezza dei dati memorizzati, trasmessi o elaborati o dei servizi offerti. Quando un evento di minaccia viene prevenuto con successo dal causare danni o quando non riesce a compromettere una vulnerabilità, si parla di quasi-incidente.

3.6 Rischio

Il rischio è il potenziale di perdita o interruzione causato da uno o più eventi di minaccia. Il rischio è espresso come una combinazione della probabilità di compromissione e della magnitudine della perdita o dell'interruzione.

Nella sua forma più basilare, un rischio è la *probabilità* che una *minaccia* (potenzialmente innescata da un attore di minaccia) attacchi una *vulnerabilità*, portando a una o più conseguenze che hanno un *impatto* negativo sugli individui, sull'organizzazione, sulla società o sul funzionamento dell'economia. Un rischio richiede sempre la presenza di TUTTI e quattro i fattori sottolineati.

Alcuni impatti possono non essere correlati alla tua organizzazione ma devono comunque essere considerati da una prospettiva di conformità legale. Ad esempio il GDPR richiede di considerare l'impatto che certi rischi hanno sui diritti e le libertà delle persone fisiche. La NIS2 richiede di considerare la sicurezza pubblica, la incolumità e la salute pubblica (Articolo 2(2c)), l'impatto sistemico e soprattutto sistemico transfrontaliero (Articolo 2(2d)), e l'impatto sociale ed economico (Articolo 21(1)).

Il rischio dovrebbe essere assunto solo per raggiungere degli obiettivi. Ci si assume un rischio per ottenere un vantaggio. Più si comprende il valore del vantaggio, meglio si può determinare fino a che punto vale la pena assumersi il rischio.

Accettare rischi non è lo stesso che accettare incidenti. Come organizzazione accetterai rischi nella ricerca dei tuoi obiettivi e della tua missione. I rischi possono diventare incidenti quando i rischi si realizzano. Quando ciò accade, prenderai provvedimenti per limitare il danno il più possibile. Le organizzazioni hanno una propensione per il rischio, non una propensione per gli incidenti.

Le organizzazioni dovrebbero essere consapevoli dei seguenti punti:

- Eliminare il rischio significa anche eliminare l'opportunità;
- Un rischio senza una ricompensa non dovrebbe essere assunto, indipendentemente da quanto grande o piccolo sia il rischio;
- Ridurre i rischi riduce l'opportunità, ma riduce anche il potenziale di perdita o interruzione. C'è un equilibrio che deve essere trovato.

3.7 Incidenti e crisi

L'Articolo 6(6) della NIS2 definisce un incidente come un evento che compromette le proprietà di sicurezza delle informazioni dei dati memorizzati, trasmessi o elaborati o dei servizi offerti da, o accessibili tramite, sistemi informativi e di rete.

Un incidente si verifica quando un evento di minaccia compromette con successo una vulnerabilità e causa un impatto negativo. Mentre la NIS2 limita la definizione a un singolo evento, un incidente può essere il risultato di una serie di eventi o di una combinazione di eventi.

Un incidente o una cascata di incidenti che causano grandi danni all'organizzazione è chiamato crisi. La Direttiva si riferisce alla gestione delle crisi ma piuttosto che usare il termine "crisi" si riferisce a incidenti di sicurezza informatica su larga scala.

L'Articolo 6(7) della NIS2 si riferisce al termine "incidenti di sicurezza informatica su larga scala" ogni volta che gli incidenti causano un livello di interruzione che supera la capacità di risposta di uno Stato membro. Si riferisce anche agli incidenti di sicurezza informatica su larga scala quando hanno un impatto significativo su almeno due Stati membri.

3.8 Cybersicurezza

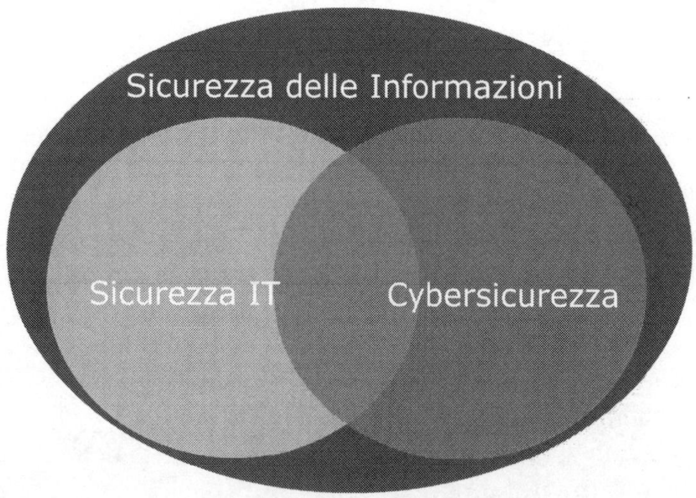

Il Regolamento sulla cybersicurezza di ENISA (Cybersecurity Act - 2019) definisce la cybersicurezza come le attività necessarie per proteggere i sistemi informativi e di rete, gli utenti di tali sistemi e altre persone contro l'impatto negativo (cioè le minacce informatiche).

La NIS2 si concentra sulla cybersicurezza, invece della sicurezza IT o del concetto più generico di sicurezza delle informazioni.

La sicurezza delle informazioni si occupa della protezione delle informazioni, indipendentemente da dove risiedono, vengono utilizzate o cosa attraversano. Dal punto di vista della sicurezza delle informazioni, qualsiasi bene utilizzato per elaborare o memorizzare dati in qualsiasi modo o mezzo è adeguatamente protetto.

La sicurezza IT è focalizzata sulle tecnologie. È determinata dal valore delle informazioni che l'IT tocca. Il focus della cybersicurezza risiede esplicitamente nella protezione contro le minacce informatiche. C'è una sovrapposizione tra cybersicurezza e sicurezza IT nell'area in cui le apparecchiature IT devono essere protette dalle minacce informatiche.

La NIS2 affronta la cybersicurezza come la sicurezza dei sistemi informativi e di rete. Non c'è riferimento alla sicurezza delle informazioni o alla sicurezza IT. La cybersicurezza dovrebbe essere affrontata attraverso un approccio multirischio che mira a proteggere i sistemi informativi e di rete e l'ambiente fisico di tali sistemi dagli incidenti (Articolo 21(2)).

3.9 Standard

Uno standard è un'applicazione delle tue politiche. Mentre la politica descrive quali sono i vincoli entro i quali desideri operare, gli standard descrivono come rispettare questi vincoli nelle operazioni quotidiane. Gli standard possono essere creati da una prospettiva organizzativa. In molti casi, gli standard sono basati sulle migliori pratiche del settore e sono creati e mantenuti da organismi di standardizzazione riconosciuti. Dove la NIS2 si riferisce agli standard, si riferisce sempre a specifiche adottate da un organismo di standardizzazione riconosciuto.

La NIS2 riconosce i seguenti tipi di standard:

- **Standard Internazionale**
  Uno standard adottato da un organismo di standardizzazione internazionale (come l'ISO).
- **Standard Europeo**
  Uno standard adottato da un'organizzazione di standardizzazione europea.
- **Standard Armonizzato**
  Uno standard europeo adottato sulla base di una richiesta fatta dalla Commissione per l'applicazione della legislazione di armonizzazione dell'Unione.
- **Standard Nazionale**
  Uno standard adottato da un organismo di standardizzazione nazionale.

3.10 Servizi gestiti

Un servizio gestito è un servizio di terze parti relativo all'installazione, gestione, operazione o manutenzione di prodotti ICT, reti, infrastrutture, applicazioni o qualsiasi altro sistema informativo e di rete, tramite assistenza o amministrazione attiva effettuata sia presso i locali dei clienti che da remoto (Articolo 6(39)).

Un servizio di sicurezza gestito è un servizio gestito di terze parti che fornisce assistenza per attività relative alla gestione del rischio di cybersicurezza (Articolo 6(40)).

I fornitori di servizi di sicurezza gestiti svolgono un ruolo importante in aree come la risposta agli incidenti, i test di penetrazione, gli audit di sicurezza e la consulenza. Assistono i soggetti nei loro sforzi per prevenire, rilevare, rispondere o recuperare dagli incidenti.

I fornitori di servizi di sicurezza gestiti sono essi stessi bersaglio di attacchi informatici e, a causa della loro stretta integrazione nelle operazioni dei soggetti, rappresentano un rischio particolare. È per questo motivo che il Considerando 86 della NIS2 sottolinea la necessità di una maggiore diligenza nella selezione di un fornitore di servizi di sicurezza gestiti.

I fornitori di servizi gestiti e i fornitori di servizi di sicurezza gestiti riceveranno dalla Commissione tramite "atti di esecuzione" i requisiti tecnici e metodologici delle misure di cui all'Articolo 21(2) della Direttiva e degli incidenti che richiedono la segnalazione (Articolo 21(5), Articolo 23(11)).

3.11 Servizio di Cloud computing

L'Articolo 6(3) della NIS2 definisce un servizio di cloud computing come un servizio digitale che consente l'amministrazione su richiesta e l'accesso remoto ampio a un pool scalabile ed elastico di risorse di calcolo condivisibili, inclusi i casi in cui tali risorse sono distribuite in più località.

Come i fornitori di servizi gestiti e i fornitori di servizi di sicurezza gestiti, i fornitori di servizi di cloud computing saranno soggetti ad atti di esecuzione che dettagliano i requisiti delle misure nell'Articolo 21(2) e le specifiche degli incidenti che richiedono la segnalazione all'autorità competente.

La definizione introduce alcuni termini che sono ulteriormente spiegati nel Considerando 33.

- **Accesso remoto ampio** è usato per descrivere che le capacità del cloud sono fornite sulla rete e accessibili attraverso meccanismi che promuovono l'uso di una combinazione di piattaforme client thin e thick, inclusi telefoni cellulari, tablet, laptop e workstation.
- **Scalabile** si riferisce alle risorse di calcolo che sono allocate in modo flessibile dal fornitore di servizi cloud, indipendentemente dalla posizione geografica delle risorse, per gestire le fluttuazioni della domanda.

- **Pool elastico** è usato per descrivere le risorse di calcolo che sono fornite e rilasciate in base alla domanda per aumentare e diminuire rapidamente le risorse disponibili a seconda del carico di lavoro.
- **Condivisibile** è usato per descrivere le risorse di calcolo che sono fornite a più utenti che condividono un accesso comune al servizio, ma dove l'elaborazione è effettuata separatamente per ciascun utente, sebbene il servizio sia fornito dallo stesso equipaggiamento elettronico.
- **Distribuito** è usato per descrivere le risorse di calcolo che sono situate su diversi computer o dispositivi in rete, e che comunicano e si coordinano tra loro tramite passaggio di messaggi.

Il Considerando 33 identifica quattro modelli di servizio di cloud computing che dovrebbero essere considerati nel contesto dei servizi di cloud computing nella NIS2.

- **Infrastructure as a Service (IaaS)**
  In IaaS al cliente viene offerta una configurazione di base in cui può fornire e utilizzare le proprie risorse di elaborazione, archiviazione e rete. Al cliente vengono offerti solo elettricità e spazio per posizionare l'equipaggiamento.
- **Platform as a Service (PaaS)**
  In PaaS il fornitore di servizi cloud estende i servizi IaaS con un ambiente hardware e sistemi operativi. Il cliente può distribuire, gestire ed eseguire applicazioni da lui create o acquisite che possono essere eseguite sui sistemi operativi forniti.
- **Software as a Service (SaaS)**
  In SaaS il fornitore di servizi cloud espande i servizi PaaS con applicazioni. La responsabilità del cliente in questo modello è l'elaborazione dei dati in quelle applicazioni.
- **Network as a Service (NaaS)**
  NaaS supporta gli altri tre modelli fornendo connettività di trasporto e capacità di rete correlate.

4 Enti e istituzioni pubbliche

L'Unione Europea ha molti enti e istituzioni diversi che sono responsabili del suo corretto funzionamento. I nomi e i ruoli possono essere a volte confusi. La Tabella 4.1 evidenzia alcuni dei compiti dei principali enti e istituzioni.

Istituzione	Scopo
Consiglio Europeo	• Riunisce i capi di stato o di governo di ogni Stato membro dell'UE per prendere decisioni sulla direzione politica dell'UE. • Nomina e designa candidati per alcuni ruoli di alto profilo. • Stabilisce l'agenda politica adottando conclusioni dalle riunioni.
Consiglio dell'Unione Europea	• Uno dei principali organi legislativi dell'UE. • I suoi membri sono ministri del governo di tutti gli Stati membri. • Adotta leggi e coordina politiche. • Conclude accordi con paesi e organizzazioni non UE. • Adotta il bilancio dell'UE insieme al Parlamento Europeo.
Commissione Europea	• L'organo esecutivo dell'Unione Europea. • Gioca un ruolo importante nello sviluppo della strategia. • Propone, monitora e implementa le politiche dell'UE. • Gestisce il bilancio.
Parlamento Europeo	• La rappresentanza diretta dei cittadini europei. • L'organo legislativo centrale dell'Unione Europea. • Supervisiona la Commissione e altri organi dell'UE.

Istituzione	Scopo
Corte di Giustizia dell'Unione Europea (CGUE)	• L'autorità giudiziaria principale dell'Unione Europea. • Sovrintende all'applicazione e all'interpretazione uniforme del diritto della UE. • Risolve le controversie legali tra i governi nazionali e le istituzioni dell'UE. • Può agire contro le istituzioni dell'UE per conto di individui, aziende o organizzazioni i cui diritti sono stati violati.

*Tabella **Fout! Gebruik het tabblad Start om Heading 1 toe te passen op de tekst die u hier wilt weergeven.**.1 – Istituzioni centrali della Unione Europea*

In aggiunta a queste istituzioni, la NIS2 funziona con la partecipazione e la cooperazione di diversi enti dell'Unione, tra cui:

- Il Gruppo di Cooperazione;
- ENISA;
- EU-CyCLONe;
- La rete CSIRT.

Questi enti supportano gli Stati membri e le loro autorità competenti e CSIRT designati.

4.1 Il Gruppo di Cooperazione

L'Articolo 14(1) della NIS2 definisce il Gruppo di Cooperazione come l'ente che supporta e facilita la cooperazione strategica e lo scambio di informazioni tra gli Stati membri e sviluppa fiducia e confidenza tra di loro. Il Gruppo di Cooperazione supporta la rete CSIRT e fornisce orientamenti strategici per le sue attività. Facilita la condivisione ottimale delle informazioni sulle notifiche di incidenti, le migliori pratiche nella formazione sulla consapevolezza e la ricerca e sviluppo.

Il Gruppo di Cooperazione è composto da rappresentanti di ciascuno Stato membro, della Commissione e di ENISA. Segue un programma di lavoro biennale.

4.2 ENISA

ENISA è stata istituita nel 2004 come Agenzia Europea per la Sicurezza delle Reti e dell'Informazione (ENISA: European Network and Information Security Agency). È stata rinominata Agenzia dell'Unione Europea per la Cybersicurezza (European Agency for Cybersecurity) ma ha mantenuto l'acronimo precedente con l'adozione del Regolamento sulla cybersicurezza (Cybersecurity Act - 2019) dell'UE.

ENISA è il partner esperto di cybersicurezza nella NIS2 per tutte le istituzioni, i comitati e i soggetti. Contribuisce allo sviluppo di un ambiente robusto e resiliente che promuove fiducia, sicurezza e innovazione.

Le attività chiave di ENISA includono:

- Mantenere la competenza in cybersicurezza;
- Fornire supporto operativo e formazione;
- Promuovere lo sviluppo e l'adozione di standard e certificazioni;
- Aumentare la consapevolezza e l'educazione;
- Facilitare la cooperazione e la collaborazione tra Stati membri, stakeholder industriali e partner internazionali.

ENISA è tenuta a mantenere livelli appropriati di esperienza in cybersicurezza in aree come la risposta agli incidenti, lo sviluppo sicuro del software, la protezione delle infrastrutture e le tecnologie emergenti. Applica la sua esperienza per vari aspetti della NIS2. Alcuni esempi di dove applica questa esperienza sono:

- Fornire input esperti nel Gruppo di Cooperazione (Articolo 14(3));
- Preparare Rapporti Tecnici sulla Situazione sugli incidenti e le minacce informatiche (Articolo 18(2));
- Sviluppare congiuntamente Codici di Condotta che sostengono i metodi di lavoro degli esperti di cybersicurezza designati con altri membri del Gruppo di Cooperazione (Articolo 19(6));
- Effettuare valutazioni coordinate del rischio di sicurezza di specifici servizi ICT critici, sistemi ICT o catene di fornitura di prodotti ICT (Articolo 22(1));
- Aiutare l'istituzione di accordi di condivisione delle informazioni sulla cybersicurezza (Articolo 29(5)).

ENISA assiste gli Stati membri attraverso programmi di supporto operativo e formazione per:

- Migliorare le loro strategie di cybersicurezza (Articolo 7(4));
- Stabilire team nazionali di risposta agli incidenti (Articolo 10(10));
- Sviluppare meccanismi di segnalazione degli incidenti (Articolo 23(9)).

Inoltre ENISA fornisce linee guida e modelli per soddisfare i vari obblighi di segnalazione ai sensi della NIS2, nonché modelli di notifica in collaborazione con il Gruppo di Cooperazione per ridurre il carico amministrativo sulle entità notificanti.

A supporto di vari altri enti di sicurezza dell'UE, come la rete CSIRT e EU-CyCLONe, ENISA fornisce il segretariato e partecipa sia come osservatore che attivamente a supporto dei partecipanti.

L'Articolo 25(2) della NIS2 richiede a ENISA di elaborare consigli e linee guida riguardanti le aree tecniche da considerare per la standardizzazione.

La NIS2 si basa principalmente su ENISA per la maggior parte delle altre standardizzazioni di sicurezza informatica, tra cui le seguenti:

- La creazione di un database europeo delle vulnerabilità, insieme ai sistemi informativi appropriati, politiche, procedure e misure tecniche e organizzative per garantire la sicurezza e l'integrità del database (Articolo 12(2));
- La creazione della metodologia e degli aspetti organizzativi delle autovalutazioni e delle revisioni tra pari (Articolo 19(1));
- Lo scambio di migliori pratiche e linee guida per la creazione di accordi di condivisione delle informazioni sulla cybersicurezza (Articolo 29(5)).

Il Regolamento sulla cybersicurezza (Cybersecurity Act - 2019) di ENISA richiede a ENISA di creare esercitazioni di cybersicurezza a livello dell'Unione e di aiutare gli Stati membri con esercitazioni di cybersicurezza nazionali.

L'Articolo 15(3l) della NIS2 ribadisce la necessità di tali esercitazioni e crea una responsabilità per la rete CSIRT di fare il punto sulle formazioni di consapevolezza sulla sicurezza informatica organizzate da ENISA.

ENISA facilita la cooperazione e la collaborazione tra gli Stati membri, gli stakeholder dell'industria e i partner internazionali come parte del suo ruolo nel Gruppo di Cooperazione (Articolo 14). Supporta lo scambio di informazioni, esercitazioni congiunte e simulazioni, e incoraggia la condivisione delle migliori pratiche e delle lezioni apprese.

Come parte del suo ruolo nella rete CSIRT, ENISA fornisce attivamente assistenza per la cooperazione tra gli CSIRT (Articolo 15(2)).

4.3 EU-CyCLONe

La Rete Europea di Collegamento per le Crisi Informatiche (EU-CyCLONe: European Cyber Crisis Liaison Organization Network) è stata istituita per supportare la gestione coordinata degli incidenti e delle crisi di sicurezza informatica su larga scala a livello operativo. È composta dai rappresentanti delle autorità di gestione delle crisi informatiche degli Stati membri e della Commissione.

L'Articolo 16(3) della NIS2 ha assegnato i seguenti compiti a EU-CyCLONe:

- Migliorare la preparazione per gestire incidenti e crisi di cybersicurezza su larga scala;
- Sviluppare la consapevolezza per incidenti e crisi di cybersicurezza su larga scala;
- Valutare le conseguenze e l'impatto degli incidenti e delle crisi di cybersicurezza su larga scala rilevanti e proporre possibili misure di mitigazione;
- Coordinare la gestione degli incidenti e delle crisi di cybersicurezza su larga scala.
- Supportare il processo decisionale a livello politico in relazione a tali incidenti e crisi.

4.4 Rete CSIRT

L'Articolo 15 della NIS2 riafferma il ruolo della rete CSIRT nel supportare gli sforzi di cybersicurezza, contribuire allo sviluppo della fiducia e della confidenza tra gli Stati membri e promuovere una cooperazione operativa rapida ed efficace.

La rete CSIRT è composta da rappresentanti degli CSIRT e del CERT-EU. La Commissione e ENISA partecipano anche alla rete CSIRT. I membri della rete scambiano regolarmente informazioni e migliori pratiche per garantire che tutti gli CSIRT siano preparati in modo ottimale e ricevano avvisi informatici il prima possibile.

4.5 Autorità competenti

L'Articolo 1(2a) richiede a ciascuno Stato membro di designare o istituire una o più autorità competenti responsabili della sicurezza informatica nazionale e dei compiti di supervisione definiti nella NIS2.

Una delle autorità competenti designate o istituite fungerà da punto di contatto unico per quello Stato membro.

4.6 CSIRT

Gli CSIRT (Computer Security Incident Response Teams) sono team di risposta agli incidenti di sicurezza informatica operativi 24 ore su 24, 7 giorni su 7, che sono stati designati o istituiti all'interno di un'autorità competente da ciascuno Stato membro. Gli CSIRT combinati devono coprire almeno tutti i settori, i sotto settori e i tipi di soggetti che rientrano nell'ambito della NIS2 (Articolo 10(1)).

Gli CSIRT devono svolgere questi compiti:

- Monitorare gli eventi e rilevare le minacce;
- Analizzare le minacce informatiche e le vulnerabilità;

- Rispondere agli incidenti a livello nazionale;
- Assistere i soggetti associati nella loro risposta agli incidenti;
- Fornire avvisi precoci, allarmi, annunci e diffusione di informazioni ai soggetti associati;
- Eseguire attività di indagine di informatica forense;
- Scansionare proattivamente le vulnerabilità nei soggetti associati;
- Coordinare le divulgazioni delle vulnerabilità;
- Promuovere l'adozione e l'uso di standard nella gestione degli incidenti e nella risposta alle crisi.

Gli CSIRT sono tenuti a cooperare efficacemente nella rete CSIRT e possono stabilire relazioni di cooperazione individuali con gli CSIRT nazionali di paesi terzi.

CNIS2

Obblighi dei soggetti

5 Obblighi dei soggetti

Il Capitolo IV della Direttiva fornisce le specifiche degli obblighi che i Soggetti Essenziali e Importanti devono rispettare. I Soggetti Essenziali e Importanti hanno gli stessi obblighi ai sensi della NIS2. La differenza tra i due tipi risiede esclusivamente nei dettagli di supervisione e applicazione.

5.1 Requisiti di protezione

I requisiti di protezione specificano cosa devi fare per migliorare la resilienza dell'organizzazione. Questi requisiti possono essere riassunti come segue:

- La direzione è impegnata nel programma di cybersicurezza (Articolo 20(1));
- La direzione è sufficientemente formata per decidere sui rischi di cybersicurezza (Articolo 20(2)).
- I rischi sono controllati per prevenire o minimizzare l'impatto degli incidenti (Articolo 21(1));
- Misure specifiche sono implementate e funzionano efficacemente, tra cui:
  - Varie Politiche di cybersicurezza, come una Politica di valutazione del rischio (Articolo 21(2a)), una Politica di sicurezza dei sistemi informativi (Articolo 21(2a)), una Politica di efficacia dei controlli (Articolo 21(2f)), una Politica di aggiornamento del software e dell'hardware (Articolo 21(2g)), una Politica delle password (Articolo 21(2g)), una Politica di installazione del software (Articolo 21(2g)), Politiche di controllo degli accessi (Articolo 21(2i)) inclusi gli accessi privilegiati (Articolo 21(2g)), una Politica di backup (Articolo 21(2g)), una Politica di crittografia (Articolo 21(2h)) e una Politica di sicurezza informatica (Articolo 32(2e), Articolo 33(2e));
  - Pianificazione della resilienza situazionale chiave, come una risposta agli incidenti (Articolo 21(2b)), continuità aziendale, disaster recovery e piano di gestione delle crisi (Articolo 21(2c));
  - Vari controlli organizzativi, inclusa la sicurezza della catena di approvvigionamento (Articolo 21(2d)), la sicurezza delle risorse umane (Articolo 21(2i)), la gestione degli asset (Articolo 21(2i)) e la formazione sulla consapevolezza (Articolo 21(2g));
  - Vari controlli tecnici, come i backup (Articolo 21(2c)), la gestione delle patch (Articolo 21(2g)), la gestione delle configurazioni (Articolo 21(2g)), la segmentazione della rete (Articolo 21(2g)), il controllo degli accessi (Articolo 21(2g)), la crittografia (Articolo 21(2h)), l'autenticazione a più fattori (Articolo 21(2j)) e la protezione delle comunicazioni (Articolo 21(2j)).

I soggetti sono tenuti ad avere pratiche di igiene informatica di base in atto (Articolo 21(2g) chiarito dai Considerando 49 e 89). Per settori e servizi specifici la Commissione è autorizzata ad adottare atti delegati, richiedendo l'uso di determinati prodotti, servizi e processi ICT certificati (Articolo 24(2)).

5.2 Obblighi di segnalazione

Quando identifichi un incidente significativo, hai l'obbligo di notificare lo CSIRT o l'autorità competente, nonché i destinatari dei tuoi servizi in modo che siano consapevoli della situazione (Articolo 23(1)). Ove appropriato, ci si aspetta che tu fornisca informazioni sufficienti a questi destinatari, comprese eventuali informazioni sulla minaccia informatica stessa, in modo che possano prendere misure adeguate per minimizzare o prevenire l'impatto dalla loro parte (Articolo 23(2)).

Entro 24 ore dal rilevamento di un incidente significativo sei tenuto a presentare un rapporto di avviso preliminare (Articolo 23(1)), seguito da un rapporto di incidente più completo entro 72 ore (Articolo 23(4b)).

A seconda della durata dell'incidente, potresti essere tenuto a presentare uno o più rapporti di stato intermedi. Tali rapporti possono essere richiesti in qualsiasi momento dallo CSIRT o dall'autorità competente (Articolo 23(4c)). In ogni caso, sei tenuto a presentare un rapporto di stato intermedio se l'incidente rimane in corso dopo un mese (Articolo 23(4e)).

Una volta risolto l'incidente devi presentare un rapporto finale. I rapporti finali devono essere presentati non oltre un mese dopo la prima notifica (Articolo 23(4d)). Se gli incidenti sono in corso dopo un mese, il rapporto finale deve essere presentato entro un mese dalla risoluzione dell'incidente (Articolo 23(4e)).

5.3 Collegamento agli standard ISO

La NIS2 è scritta nella piena consapevolezza che i requisiti impongono un onere significativo alle organizzazioni. L'intento è di minimizzare questo onere il più possibile. Per questo motivo, la Direttiva cerca di allinearsi il più possibile agli standard internazionali. Vari Considerando fanno riferimento all'ambizione di minimizzare questo onere:

- La Commissione, ENISA e gli Stati membri dovrebbero continuare a promuovere allineamenti con gli standard internazionali e le migliori pratiche esistenti nel settore della gestione del rischio di cybersicurezza (Considerando 59);
- Le misure di gestione del rischio di cybersicurezza dovrebbero... affrontare la sicurezza fisica e ambientale dei sistemi di rete e informazione includendo misure per proteggere tali sistemi da guasti di sistema, errori umani, atti dolosi o fenomeni naturali, in linea con gli standard europei e internazionali, come quelli inclusi nella serie ISO/IEC 27000 (Considerando 79);
- Ai fini della dimostrazione della conformità con le misure di gestione del rischio di sicurezza informatica... gli Stati membri dovrebbero... promuovere l'uso di standard europei e internazionali rilevanti da parte dei Soggetti Essenziali e Importanti (Considerando 80);
- Al fine di evitare di imporre un onere finanziario e amministrativo sproporzionato ai Soggetti Essenziali e Importanti, le misure di gestione del rischio di cybersicurezza dovrebbero essere proporzionate ai rischi posti al sistema informativo e di rete interessato, tenendo conto dello stato dell'arte di tali misure e, ove applicabile, degli standard europei e internazionali rilevanti, nonché del costo per la loro implementazione (Considerando 81).

Questi Considerando sono stati tradotti in sottili riferimenti nelle disposizioni della NIS2. L'Articolo 21(1), secondo comma, fa riferimento a "ove applicabile, standard europei e internazionali rilevanti" che dovrebbero essere considerati per l'implementazione delle misure di sicurezza informatica. L'Articolo 25(1) incoraggia l'uso di standard europei e internazionali e specifiche tecniche rilevanti per la sicurezza dei sistemi informativi e di rete per promuovere la convergenza nell'implementazione delle misure descritte nell'Articolo 21(1) e nell'Articolo 21(2).

Ci sono vari standard internazionalmente riconosciuti che si allineano ai requisiti che la NIS2 impone alla tua organizzazione. I più significativi sono gli standard ISO/IEC 27001 e ISO 22301 che stabiliscono standard rispettivamente sulla sicurezza delle informazioni e sulla continuità aziendale.

L'ISO/IEC 27001 descrive un approccio strategico alla sicurezza delle informazioni attraverso il Sistema di Gestione della Sicurezza delle Informazioni (ISMS: Information Security Management System). L'ISMS utilizza un approccio basato sul rischio per determinare i controlli che dovresti avere in atto per proteggere adeguatamente le tue informazioni. I controlli che puoi applicare sono elencati nell'Allegato A dello standard. Molti dei controlli si allineano ai requisiti della NIS2.

L'EN-ISO 22301 specifica la struttura e i requisiti per implementare e mantenere un sistema di gestione della continuità aziendale (BCMS: Business Continuity Management System) che sviluppa la continuità operativa appropriata alla quantità e al tipo di impatto che è accettabile per la tua organizzazione a seguito di un'interruzione. L'EN-ISO 22301 è più esteso di quanto richiesto nello specifico dalla NIS2.

Sia l'ISO/IEC 27001 che l'EN-ISO 22301 sono approvati dal Comitato Europeo di Standardizzazione (CEN) e dal Comitato Europeo di Standardizzazione Elettrotecnica (CENELEC).

5.4 L'uso degli schemi di certificazione

Gli Stati membri possono richiedere ai Soggetti Essenziali e Importanti di utilizzare particolari prodotti ICT, servizi ICT e processi ICT che sono certificati secondo gli schemi di certificazione della cybersicurezza europea, indipendentemente dal fatto che siano sviluppati dal soggetto essenziale o importante stesso o acquistati da terze parti (Articolo 24).

I fornitori di prodotti ICT, servizi ICT e processi ICT possono scegliere di far certificare i loro prodotti, servizi e processi. Non esiste un requisito generico nella Direttiva per utilizzare prodotti, servizi o processi certificati. Tuttavia l'Articolo 24 della NIS2 apre la possibilità per gli Stati membri di richiedere a determinate entità di utilizzare prodotti ICT, servizi ICT o processi ICT certificati per (alcuni dei) loro prodotti, servizi o processi.

5.5 Supervisione e imposizione

L'autorità competente ha il potere di monitorare la tua conformità, supervisionare determinate attività e misure e, in ultima analisi, costringerti a rispettare i requisiti della NIS2. La NIS2 assegna poteri di supervisione e imposizione più forti e più ampi all'autorità competente per i Soggetti Essenziali rispetto ai Soggetti Importanti.

L'autorità competente è tenuta ad agire proattivamente per i Soggetti Essenziali, attraverso audit regolari, controlli casuali e ispezioni. La supervisione dei Soggetti Importanti è più reattiva. In alcuni casi, l'autorità può avviare un contatto a seguito di determinati rapporti, reclami o risultati che ha ricevuto. In generale, per i Soggetti Importanti ci si aspetta che le autorità reagiscano in base agli incidenti che si sono verificati.

I poteri di supervisione devono essere applicabili per essere efficaci. Per questo motivo la NIS2 ha incluso poteri di imposizione che sono conferiti all'autorità competente.

L'imposizione è eseguita in due fasi. Nella prima fase, l'autorità ti istruirà ad agire. La seconda fase entrerà in vigore se non rispetti le istruzioni nella prima fase. Esempi di poteri di imposizione sono:

- Emettere avvisi sulle violazioni;
- Istruire a rimediare alle carenze o violazioni identificate;
- Stabilire scadenze per l'implementazione e la segnalazione delle misure;
- Ordinare di informare i tuoi consumatori sull'incidente identificato e su eventuali misure protettive o correttive che possono adottare in risposta alla minaccia;
- Ordinare di implementare le raccomandazioni dell'audit entro un termine ragionevole;
- Designare un ufficiale di monitoraggio per un periodo determinato per supervisionare la tua conformità agli obblighi della NIS2;
- Ordinare di pubblicizzare aspetti delle violazioni in un modo specifico;

- Imporre una sanzione amministrativa o imporre pagamenti di penalità periodici in aggiunta a qualsiasi altra misura menzionata nella NIS2.

Se l'azione richiesta non viene intrapresa entro il termine stabilito, le autorità competenti hanno ulteriori poteri per garantire una protezione adeguata (seconda fase), come:

- Sospendere una certificazione o autorizzazione;
- Proibire temporaneamente a chiunque abbia responsabilità manageriali a livello di CEO o rappresentante legale di esercitare funzioni manageriali;
- Ritenere responsabile per la violazione dei loro doveri di garantire la conformità qualsiasi persona fisica con incarichi di responsabilità o che agisce come rappresentante legale.

CNIS2

Ruoli & Responsabilità

6 Ruoli e responsabilità

6.1 Alta direzione

La NIS2 si aspetta il coinvolgimento diretto, la conoscenza e la comprensione dei membri della direzione in modo che possano prendere le decisioni giuste riguardo alla resilienza dell'organizzazione. Ha un'aspettativa concreta che la direzione approvi le misure e ne supervisioni l'implementazione. Se il soggetto non soddisfa i requisiti della NIS2, la direzione può essere ritenuta personalmente responsabile per le violazioni.

Per garantire che la direzione sia competente nel prendere decisioni informate che influenzano la sicurezza delle reti e dei sistemi informativi, la NIS2 si aspetta che la direzione segua una formazione per acquisire competenze sufficienti a identificare i rischi e valutare le pratiche di gestione del rischio di cybersicurezza e il loro impatto sui servizi che forniscono.

Al centro del coinvolgimento della direzione ci sono la strategia di sicurezza delle informazioni e la Politica sulla sicurezza delle informazioni. Entrambe devono essere comprese dalla direzione e supportate attivamente nella loro implementazione.

Per mantenere la direzione attivamente coinvolta è altamente raccomandato inserire la sicurezza delle informazioni nell'agenda del consiglio di amministrazione a intervalli regolari. L'argomento dovrebbe coprire i progressi dell'implementazione, le deviazioni e le eccezioni, la conformità alle Politiche, il controllo dei rischi e qualsiasi incidente significativo che si sia verificato.

6.2 Chief Information Security Officer

Se la tua organizzazione rientra nell'ambito della NIS2 dovrà investire nel personale di sicurezza, sia tramite il libro paga che tramite servizi esterni. La NIS2 si aspetta che tu porti a termine il lavoro e mantenga il controllo. Nominare qualcuno nel ruolo di CISO aiuta a mantenere e dimostrare il controllo.

Un CISO o equivalente, anche quando nominato a tempo pieno, non può fare il lavoro da solo. Molte delle azioni devono essere eseguite da altri nei dipartimenti di supporto e anche nell'organizzazione che si occupa del "core business". Un buon CISO coordinerà gli sforzi e garantirà che le interruzioni aziendali siano ridotte al minimo assoluto. Dovresti aspettarti dalla funzione di sicurezza di:

- Avere una comprensione strategica;
- Essere in grado di gestire e mantenere un programma di gestione del rischio informatico;
- Essere in grado di costruire le Politiche richieste dalla NIS2;
- Segnalare regolarmente lo stato della sicurezza alla direzione in modo da supportare i loro processi decisionali;
- Supportare l'organizzazione durante gli incidenti e le crisi informatiche;
- Rappresentare l'organizzazione come punto di contatto principale per gli incidenti di sicurezza o poter consigliare il punto di contatto principale sugli aspetti di sicurezza;
- Coordinare eventuali richieste dalle autorità competenti o dallo CSIRT;
- Segnalare incidenti di sicurezza significativi alle autorità;
- Esercitare il controllo sulla catena di approvvigionamento per tutti i requisiti e le situazioni di sicurezza delle informazioni;
- Preparare e gestire un programma di consapevolezza sulla sicurezza;
- Monitorare i controlli e le fonti esterne e rispondere dove richiesto.

6.3 Data Protection Officer

Il DPO ha un ruolo indiretto in relazione alla NIS2. Il CISO (o altro rappresentante della sicurezza) sarà responsabile della resilienza e del controllo delle misure di sicurezza nell'organizzazione, ma il DPO dovrà valutare tali misure per garantire che non violino i diritti e le libertà delle persone fisiche. Questo potrebbe non essere sempre possibile, nel qual caso il CISO e il DPO dovranno valutare il modo migliore per bilanciare le esigenze organizzative e la privacy.

In particolare, quando si tratta di incidenti significativi, c'è un'alta probabilità che l'incidente riguardi dati personali e il DPO dovrà essere coinvolto. Questo è dove potrebbe sorgere un potenziale conflitto di interessi: il DPO avrà l'obbligo di segnalare l'incidente entro 72 ore all'autorità di vigilanza sulla privacy, il CISO avrà l'obbligo di segnalare l'incidente all'autorità competente designata riguardo alla NIS2.

La NIS2 richiede una stretta cooperazione tra l'autorità competente e l'autorità di vigilanza del GDPR quando si affrontano incidenti che comportano violazioni dei dati personali.

6.4 Dipendenti

I dipendenti devono essere formati per diventare consapevoli della sicurezza e comprendere come possono essere manipolati dagli attori delle minacce. Questa consapevolezza aiuterà a ridurre la frequenza con cui l'ingegneria sociale ha successo.

I dipendenti sono anche una forte misura protettiva. Man mano che diventano consapevoli delle varie minacce e rischi, saranno in grado di iniziare a riconoscere situazioni rischiose e potenziali incidenti. La loro prontezza e le notifiche tempestive al team di sicurezza aiuteranno a prevenire incidenti e ridurre l'impatto.

Va notato che processi semplici e metodi a basso sforzo miglioreranno il tasso con cui i dipendenti notificheranno gli incidenti alle parti rilevanti. Praticamente questo significa che dovresti evitare procedure complesse e lunghe da seguire e avere opzioni di notifica semplici e dirette.

6.5 Terze parti e catena di approvvigionamento

Ogni anello di ciascuna delle tue catene di approvvigionamento deve conformarsi ai requisiti della NIS2, anche se non rientra nell'ambito della Direttiva stessa.

Potrebbe essere tua responsabilità verificare il loro stato di conformità, ma in ultima analisi è loro responsabilità diventare conformi. Potresti essere tenuto a rispondere della conformità della tua catena di approvvigionamento. Quando redigi i tuoi accordi con i fornitori, assicurati di includere i requisiti di conformità per l'intera catena di approvvigionamento, non solo per il fornitore stesso.

CNIS2

Misure di gestione del rischio di cybersicurezza

7 Misure di gestione del rischio di cybersicurezza

7.1 Programma di cybersicurezza

"Gli Stati membri provvedono affinché gli organi di gestione dei soggetti essenziali e importanti approvino le misure di gestione dei rischi di cybersicurezza adottate da tali soggetti per conformarsi all'Articolo 21, sovraintendano alla sua attuazione e possano essere ritenuti responsabili di violazione da parte dei soggetti di tale articolo."

NIS2, Articolo 20(1)

Un programma è una raccolta di progetti e attività operative che sono tutte mirate a raggiungere uno o più obiettivi comuni. Mentre un progetto ha un inizio e una fine chiari, un programma è continuo.

Il programma di cybersicurezza è la raccolta di progetti e attività definiti per raggiungere gli obiettivi stabiliti nella strategia di sicurezza informatica. Un programma di sicurezza informatica contiene i seguenti componenti:

- I piani sono fatti per raggiungere gli obiettivi strategici di cybersicurezza;
- I progetti sono eseguiti per creare i controlli e i meccanismi che gestiscono il rischio di sicurezza informatica;
- Le attività operative sono eseguite per mantenere e supportare i risultati dei progetti;
- I controlli di cybersicurezza sono monitorati per garantire che soddisfino gli obiettivi strategici di sicurezza informatica;
- I risultati del programma sono riportati alla direzione.

L'Articolo 21 della NIS2 descrive un ampio spettro di misure di gestione del rischio di cybersicurezza che la tua organizzazione è tenuta a rispettare. Per la NIS2 il sistema di gestione del rischio insieme a tutti i requisiti elencati nell'Articolo 21 possono essere visti come il programma di sicurezza informatica. Il tuo programma di sicurezza informatica dovrebbe essere formalmente documentato e approvato e sostenuto dalla direzione.

La direzione deve supervisionare l'implementazione e lo stato di conformità del programma di sicurezza informatica. L'Articolo 20(1) pone la responsabilità sulla direzione per la conformità ai requisiti specificati nell'Articolo 21. Questa responsabilità si applica sia ai Soggetti Essenziali che Importanti. Per i Soggetti Essenziali l'Articolo 32(6) amplia la responsabilità personale della direzione per includere qualsiasi violazione dei loro doveri di garantire la conformità alla NIS2. Sebbene la responsabilità personale sia spesso limitata nella legislazione locale, il fatto che la Direttiva l'abbia resa esplicita sottolinea l'importanza che l'Unione attribuisce alla corretta sicurezza e igiene informatica.

Una struttura di rendicontazione regolare e formale supporterà la direzione nel soddisfare il requisito di supervisione dell'implementazione delle misure e la conformità. I rapporti presentati alla direzione dovrebbero contenere almeno i seguenti elementi:

- Stati di avanzamento verso gli obiettivi di sicurezza e del programma;

- Cambiamenti agli obblighi legali, contrattuali e aziendali (ad esempio, a seguito di atti delegati discussi nell'Articolo 24);
- Informazioni su incidenti e quasi-incidenti;
- Risultati delle revisioni come ad esempio valutazioni interne e audit;
- Cambiamenti nel profilo di rischio;
- Azioni e approvazioni per il raggiungimento degli obiettivi del programma di cybersicurezza.

Le organizzazioni che gestiscono programmi ISO 27001 possono utilizzare il Riesame della Direzione come base per la conformità al requisito di supervisione della NIS2.

7.1.1 Creare valore per l'organizzazione

In relazione alla sicurezza informatica le organizzazioni vedono spesso il valore in termini di conformità ai requisiti di legge e agli standard per i quali sono certificate. Tuttavia essere conformi non è lo stesso che essere sicuri. Un'organizzazione può essere conforme senza essere sicura e può essere sicura senza essere conforme. Concentrandosi sulla prospettiva della conformità legale, le organizzazioni garantiranno di soddisfare i requisiti legali della NIS2. La conformità può soddisfare la lettera della legge, ma soddisfare il suo intento è un'altra questione. La NIS2 si aspetta che l'organizzazione valuti i rischi e prenda misure appropriate e proporzionate. Da una prospettiva di conformità, appropriato e proporzionato può essere giudicato dal punto di vista della necessità minima per soddisfare la normativa. Da una prospettiva di sicurezza, appropriato e proporzionato implica prendere misure che si adattino allo scopo dell'organizzazione e bilancino i costi delle misure con i benefici per l'organizzazione, per i destinatari dei prodotti e servizi dell'organizzazione e l'economia dell'UE. Questo può comportare la necessità di fare più del semplice minimo richiesto specificato nell'Articolo 21(2) della NIS2.

Il CISO, responsabile della realizzazione del programma, potrebbe avere difficoltà a ottenere l'impegno della direzione per un programma di sicurezza informatica NIS2 basato sia sulla conformità che sull'intento della NIS2. Quando la comprensione dei rischi di cybersicurezza e delle misure di rischio da parte della direzione è limitata, la sfida è ancora maggiore. Il CISO deve comprendere la percezione del valore della direzione nell'organizzazione e applicarla a qualsiasi richiesta di risorse per avere successo. In generale ci sono tre approcci per creare valore:

- **Valore attraverso la crescita** è il più desiderabile per molte organizzazioni. Un programma che crea valore attraverso la crescita applicherà le risorse organizzative per ottenere nuovi benefici e aumentare il valore dell'organizzazione. Il valore dell'organizzazione può essere aumentato perseguendo opportunità che apriranno nuove possibilità di crescita o rimuovendo ostacoli che impediscono all'organizzazione di perseguire tali opportunità.
- **Valore attraverso l'ottimizzazione** si concentra sull'efficienza. L'efficienza si ottiene quando i costi nel perseguimento degli obiettivi sono ridotti in relazione ai benefici ottenuti. I costi possono essere espressi come "qualsiasi tipo di sacrificio che l'organizzazione fa", non solo sacrifici finanziari. I costi possono essere sia primari che secondari. I costi primari sono direttamente correlati al perseguimento del beneficio. I costi secondari sono correlati al modo in cui il beneficio è ottenuto. Ritardi, interruzioni, sostituzioni e danni sono esempi di costi secondari.
- **Valore attraverso la protezione** mira a minimizzare il potenziale di danno per l'organizzazione. Un programma che crea valore attraverso la protezione applica le risorse organizzative per ridurre la probabilità di danni e limitare l'entità del danno in caso di incidente. Mentre il valore attraverso l'ottimizzazione guarda ai costi secondari attribuibili (cioè costi che possono essere collegati a un processo), il valore attraverso la protezione guarda ai costi secondari potenziali.

La maggior parte dei programmi di sicurezza informatica si concentra sulla creazione di valore attraverso l'ultimo punto. Facendo questo i CISO chiedono alla direzione risorse per proteggere il valore organizzativo da qualcosa che potrebbe o non potrebbe accadere in futuro e potrebbe o non potrebbe risultare in un impatto indesiderato e indeterminato. Per enfatizzare l'importanza dell'allocazione delle risorse, i CISO spesso ricorrono a valutazioni qualitative del rischio in cui il rischio può essere "alto" e l'impatto "significativo".

Da una prospettiva di gestione, il valore attraverso la protezione è il modo meno interessante per creare valore. È spesso visto come un fattore intrusivo nel perseguimento degli obiettivi e un fattore di costo con un guadagno incerto e non specificato.

7.1.2 Ottenere il supporto della direzione

L'approccio del CISO descritto nella sezione 7.1.1 è probabilmente percepito dalla direzione con le seguenti preoccupazioni e timori:

- Vengono allocate risorse che potrebbero altrimenti essere destinate alla crescita dell'organizzazione;
- I costi aumenteranno senza nuovi benefici, potenzialmente diminuendo il valore per gli azionisti;
- Non c'è una chiara espressione della probabilità e dell'impatto (Cosa significa "alto"? Cosa significa "significativo"?);
- Le misure di rischio nel programma diminuiranno l'efficienza dei dipendenti poiché introducono ulteriori barriere che i dipendenti dovranno superare per svolgere i loro compiti.

La conoscenza e la comprensione della sicurezza informatica da parte della direzione influenzeranno notevolmente le loro decisioni riguardo all'allocazione delle risorse per il programma di cybersicurezza. Un team di gestione che ha una buona comprensione della cybersicurezza potrebbe essere in grado di tradurre il valore attraverso la protezione in valore attraverso l'ottimizzazione e la crescita. I team di gestione che mancano di una comprensione sufficiente spesso valuteranno invece l'investimento come una spesa per un beneficio molto incerto.

I CISO che portano il programma di sicurezza informatica all'attenzione della direzione saranno più efficaci se mostrano come il programma porta valore attraverso la crescita e l'ottimizzazione. Per avere successo, il CISO dovrebbe affrontare i seguenti punti nella loro presentazione per le risorse:

- Utilizzare un linguaggio e un vocabolario allineati al livello di comprensione della cybersicurezza della direzione per aiutarli a comprendere il valore del programma;
- Dimostrare come il programma ottimizza le attività dell'organizzazione;
- Mostrare come il programma applica opportunità di crescita organizzativa o facilita opportunità di crescita;
- Utilizzare costi secondari storici, riconoscibili e attribuibili per giustificare il programma (ad esempio, l'impatto storico degli incidenti);
- Proporre modi in cui la direzione può monitorare e controllare i progressi per aiutarli a governare l'organizzazione (ad esempio, proponendo uno sponsor) per consentire loro di giudicare continuamente l'equilibrio tra i costi del programma e i benefici ottenuti.

7.1.3 Cambiare la prospettiva del valore

I CISO per avere successo nel ottenere il supporto per il programma di cybersicurezza dovranno cambiare il modo in cui il valore è percepito dalla direzione. In altre parole, il CISO deve mostrare come il programma di sicurezza informatica aiuta l'organizzazione a crescere e come può ottimizzare l'ambiente esistente. Per fare questo il CISO deve comprendere l'organizzazione e collegare questa comprensione al programma di cybersicurezza. Le risposte alle domande seguenti aiuteranno il CISO a ottenere la comprensione necessaria:

- Cosa porta valore all'organizzazione? È un aumento del numero di clienti? Diversificazione? Superare le aspettative degli stakeholder? Migliorare la reputazione?
- Il programma di cybersicurezza come aiuterà a portare quel valore? Ci sono opportunità che il programma può perseguire per aumentare il valore dell'organizzazione?
- La mancanza di questo programma come ostacolerà o limiterà quel valore? Ci sono opportunità che l'organizzazione non è in grado di perseguire perché (parte del) programma di sicurezza informatica non è eseguito?
- Quali sono i processi critici nell'organizzazione? Ci sono problemi in quei processi come interruzioni, reclami o una generale mancanza di controllo? Il programma di cybersicurezza può aiutare a migliorare la qualità o il controllo di questi processi? Può ridurre la perdita di tempo derivante dalla gestione delle interruzioni, dei reclami e dei problemi di controllo?
- Seguendo il programma di sicurezza informatica, quali costi concreti che ci sono stati negli ultimi 12 mesi saranno evitati? Questi costi possono essere attribuiti alle attività nell'organizzazione?
- Possono essere identificate esigenze e preoccupazioni degli stakeholder che sono affrontate dal programma di cybersicurezza? Quale sarà l'effetto sul valore dell'organizzazione quando questi stakeholder saranno soddisfatti?
- Quali opportunità possono essere identificate per aiutare a far crescere l'organizzazione? Quali di queste possono essere perseguite attraverso il programma di cybersicurezza? Quali di queste possono essere più raggiungibili grazie al programma di cybersicurezza?

Le risposte a queste domande ti aiuteranno a convertire la tua proposta di valore da un focus sulla protezione a un focus sulla crescita organizzativa e sull'ottimizzazione dei processi.

Un esempio per cambiare la prospettiva del valore è guardare ai bisogni degli stakeholder. La sicurezza informatica spesso fornisce comfort agli stakeholder. Mentre la presenza di misure di sicurezza informatica può essere solo un piccolo contributo a una vendita di successo, la sua assenza potrebbe essere una seria causa di perdita di una opportunità. Quantificando le opportunità perse che possono essere (parzialmente) attribuite alla sicurezza informatica puoi mostrare il valore attraverso la crescita.

Un altro esempio è guardare a come la sicurezza informatica fornisce struttura e controllo nei processi. La sicurezza informatica richiede il controllo dell'ambiente. Il controllo è meglio realizzato attraverso le standardizzazioni. La standardizzazione nei processi spesso porta all'efficienza. Quantificando l'efficienza portata attraverso l'elaborazione standardizzata grazie al programma di cybersicurezza, puoi mostrare il valore attraverso l'ottimizzazione.

I due casi riportati sopra sono solo esempi di come cambiare la prospettiva del valore nella tua organizzazione. Rispondendo alle domande menzionate sarai in grado di definire più modi per mostrare come il programma di cybersicurezza contribuisce alla crescita e all'ottimizzazione dell'organizzazione.

7.2 Gestione del rischio

"Gli Stati membri provvedono affinché i soggetti essenziali e importanti adottino misure tecniche, operative e organizzative adeguate e proporzionate per gestire i rischi posti alla sicurezza dei sistemi informativi e di rete che tali soggetti utilizzano nelle loro attività o nella fornitura dei loro servizi, nonché per prevenire o ridurre al minimo l'impatto degli incidenti per i destinatari dei loro servizi e per altri servizi."

- NIS2, Articolo 21(1)

Il Considerando 77 afferma che " dovrebbe essere promossa e sviluppata una cultura della gestione del rischio che coinvolga valutazioni del rischio e l'implementazione di misure di gestione del rischio di cybersicurezza appropriate ai rischi affrontati".

Il Considerando 81 della NIS2 afferma che "per evitare di imporre un onere finanziario e amministrativo sproporzionato ai Soggetti Essenziali e Importanti, le misure di gestione del rischio di sicurezza informatica dovrebbero essere proporzionate ai rischi posti al sistema informativo e di rete interessato, tenendo conto dello stato dell'arte di tali misure e, ove applicabile, degli standard europei e internazionali rilevanti, nonché del costo per la loro implementazione."

L'Articolo 21(1) tiene conto dell'intento di entrambi i Considerando affermando che le misure dovrebbero essere appropriate e proporzionate. Appropriato implica che le misure che decidi di adottare rendano i rischi più accettabili per la tua organizzazione. Proporzionato implica che venga mantenuto il giusto equilibrio tra il livello di rischio e il livello di ricompensa nell'assumere il rischio. In altre parole i costi di implementazione e operativi delle misure dovrebbero essere inferiori ai benefici che forniscono. La riduzione dell'impatto è vista come un beneficio. La riduzione dell'impatto a cui si riferisce la NIS2 è più grande del semplice beneficio per la tua organizzazione; include anche il beneficio per i destinatari dei tuoi servizi, prodotti o processi.

Il Considerando 77 della NIS2 specifica la necessità di fare una valutazione del rischio. Il Considerando 79 sottolinea che la valutazione dovrebbe essere basata su un approccio multirischio che mira a proteggere i sistemi informativi e di rete e l'ambiente fisico di tali sistemi.

Nella gestione del rischio la tua organizzazione lavora con modi coerenti, trasparenti e affidabili per valutare i rischi rilevanti per l'organizzazione e per applicare misure per rendere i rischi accettabili per l'organizzazione come determinato dalla sua direzione. La gestione del rischio può quindi essere descritta attraverso cinque passaggi chiave:

- Identificazione del rischio;
- Analisi del rischio;
- Valutazione del rischio;
- Trattamento del rischio;
- Accettazione del rischio.

La gestione del rischio è un processo continuo che viene applicato ogni volta che qualcosa cambia nell'organizzazione, nel suo contesto, nelle persone, nei processi o nelle tecnologie.

7.2.1 Identificazione del rischio

Nell'identificazione del rischio identifichi a quali rischi la tua organizzazione è esposta indipendentemente dalla dimensione del rischio. In altre parole, determini quali minacce possono sfruttare determinate vulnerabilità nella tua organizzazione e quali conseguenze ne deriverebbero.

Nel contesto della Direttiva, per essere in grado di identificare i tuoi rischi devi comprendere quali minacce informatiche affronta la tua organizzazione e quali vulnerabilità esistono nell'organizzazione che possono essere sfruttate da queste minacce.

Comprendere le minacce informatiche implica avere una chiara comprensione delle tue operazioni nel cyberspazio e del loro contesto organizzativo interno ed esterno. L'analisi del contesto richiesta nell'ISO 27001 può essere utilizzata a questo scopo.

Poiché le vulnerabilità sono legate alle tue risorse (che includono anche persone, beni fisici e tecnologie cloud), un adeguato inventario delle risorse potrà essere di grande aiuto.

7.2.2 Analisi del rischio

Questo passaggio identifica la probabilità di compromissione e i danni successivi inflitti (impatto). L'Articolo 21(1) afferma che dovresti "prevenire o minimizzare l'impatto degli incidenti sui destinatari dei loro servizi e su altri servizi" e che "si deve tenere conto del grado di esposizione del soggetto ai rischi, delle dimensioni del soggetto e della probabilità di occorrenza degli incidenti e della loro gravità, incluso il loro impatto sociale ed economico". Mentre la metodologia di valutazione del rischio utilizzata per l'ISO 27001 può essere utilizzata a questo scopo, ci si aspetta che tu basi l'analisi dell'impatto su fattori diversi da quelli che impattano direttamente la tua organizzazione, vale a dire:

- **Impatto operativo sui destinatari**
  Questo descrive le conseguenze per i servizi e i prodotti dei tuoi destinatari se i tuoi processi vengono interrotti. In effetti stai analizzando la catena dei destinatari.
- **Disordini pubblici**
  Questo indica la reazione sociale mentre l'incidente persiste.
- **Benessere pubblico**
  Questo indica l'effetto che gli incidenti hanno sul funzionamento dell'economia.

Per comprendere meglio l'impatto sociale ed economico il Considerando 78 suggerisce che dovresti "prevedere un'analisi sistemica, tenendo conto del fattore umano, al fine di avere un quadro completo della sicurezza del sistema informativo e di rete ". Il rischio sistemico può essere visto da due prospettive, vale a dire dove l'organizzazione è la vittima e dove l'organizzazione è l'induttore. Dove "l'organizzazione è la vittima del rischio sistemico" descrive il rischio che un'organizzazione subisce a causa dei rischi sfruttati presso terze parti collegate o più a valle nella catena di approvvigionamento. Dove "l'organizzazione è l'induttore del rischio sistemico" implica che un'interruzione nell'organizzazione può propagarsi lungo la catena dei destinatari e causare un impatto negativo molto più grande sul sistema esteso. L'Articolo 2(2d) include i soggetti nell'ambito della NIS2, indipendentemente dalle loro dimensioni, se un'interruzione dei loro servizi potrebbe indurre un rischio sistemico significativo.

7.2.3 Valutazione del rischio

L'ultimo passaggio nella comprensione del rischio assegna priorità ai rischi in base alla loro importanza e al potenziale impatto. La valutazione consente alla direzione di prendere decisioni informate su come gestire e mitigare i rischi identificati.

7.2.4 Trattamento del rischio

Sulla base dei risultati della valutazione del rischio potrebbe essere necessario adottare delle misure. Le misure possono essere applicate dall'organizzazione o da terze parti per conto dell'organizzazione. Quando trasferisci i rischi a terze parti, esse si assumono la responsabilità del trattamento del rischio riducendo l'impatto (ad esempio, attraverso servizi assicurativi) e/o riducendo la probabilità che il rischio si verifichi (spesso attraverso servizi basati su economie di scala). In ogni caso, la responsabilità ultima per i rischi rimane sempre dell'organizzazione.

Se l'organizzazione identifica un rischio che non può essere trattato in modo adeguato o proporzionato, la direzione potrebbe essere obbligata a evitare il rischio. Evitare il rischio indica che l'organizzazione non è in grado di giustificare il rischio e non ha un modo valido per trattarlo attraverso misure. Di conseguenza l'organizzazione interromperà il processo o eviterà del tutto di avviarlo o troverà un modo in cui il rischio inaccettabile cessa di esistere.

In molti casi scoprirai che i rischi vengono affrontati utilizzando una combinazione di trasferimento e mitigazione del rischio.

7.2.5 Accettazione del rischio

L'Articolo 20(1) richiede che l'organo direttivo della tua organizzazione approvi le misure di gestione del rischio di sicurezza informatica. Questo implica che deve anche approvare l'accettazione del rischio residuo che rimane dopo che le misure sono state implementate. La direzione deve essere in grado di giustificare l'accettazione del rischio.

Indipendentemente dalla tua valutazione e dall'accettazione della direzione, la NIS2 richiede di "adottare misure tecniche, operative e organizzative appropriate e proporzionate per gestire i rischi" (Articolo 21(1)) e ti obbliga a prendere almeno le misure specificate nella sezione 5.1 a pagina 38 di questo libro (Articolo 21(2)).

7.3 Politiche

Una Politica è un insieme di regole, istruzioni o principi che devono essere seguiti dai membri dell'organizzazione. Come specificato nella sezione 5.1 a pagina 38 di questo libro, la Direttiva richiede la creazione di varie Politiche.

7.3.1 Politica sulla sicurezza delle informazioni

La Politica stabilisce confini e aspettative di alto livello per rendere accettabili i rischi informatici. Gli elementi chiave di questa Politica sono:

- Mandati dalla direzione per implementare la Politica (ad esempio ruoli e responsabilità chiari per il personale di sicurezza e i dipendenti);
- Requisiti di gestione degli incidenti, come obblighi di notifica e contatti con terze parti (ad esempio autorità e fornitori di servizi);
- Restrizioni di accesso e l'uso dell'autenticazione a più fattori (ad esempio requisiti di necessità e minimo privilegio, accesso privilegiato e revisioni degli accessi);
- Requisiti di screening e l'uso accettabile degli asset, comprese le restrizioni sull'uso del proprio dispositivo, controlli dei precedenti e riciclaggio degli asset;
- Requisiti di gestione e protezione delle risorse, inclusi gli asset basati su cloud;
- Requisiti di protezione delle informazioni in archivio, in uso e in transito (ad esempio attraverso la crittografia);

- Requisiti di protezione fisica e ambientale;
- Gestione e controllo delle terze parti;
- Sicurezza dei viaggi per garantire la protezione contro l'accesso ai dati da parte delle autorità straniere.

7.3.2 Codice di condotta

Il Codice di condotta chiarisce le aspettative della direzione su come tutti coloro che lavorano per conto dell'organizzazione devono agire e utilizzare gli asset in modo responsabile. La NIS2 non richiede esplicitamente il Codice di condotta, ma è menzionato come un fattore mitigante per incidenti significativi e come parte delle pratiche di igiene informatica di base. Una Politica di uso accettabile può essere parte del Codice di condotta. Gli elementi chiave sono:

- Limitazioni sull'uso delle credenziali;
- Restrizioni di accesso fisico;
- Supervisione dei visitatori;
- Cura del luogo di lavoro;
- L'uso di asset personali e limitazioni sull'uso personale delle risorse dell'organizzazione;
- Requisiti di riservatezza;
- Requisiti di notifica degli incidenti e dei rischi;
- Restrizioni sull'uso di email, Internet e social media;
- Restrizioni e requisiti per il lavoro remoto e l'accesso;
- Restrizioni sulle registrazioni audio e video.

7.3.3 Politica di gestione del rischio

L'Articolo 21(2a) richiede la presenza di una Politica di analisi del rischio. L'Articolo 21(2f) specifica che devi avere Politiche per valutare l'efficacia delle misure di gestione del rischio di cybersicurezza. Diverse Politiche si applicano a questo requisito. La principale è la Politica di gestione del rischio che definisce come la tua organizzazione identifica i rischi, li valuta e garantisce che diventino o rimangano accettabili. Gli elementi chiave della Politica di gestione del rischio sono:

- Conformità alla propensione al rischio definita;
- Mandati e regole sull'accettazione dei rischi al di fuori della soglia di propensione al rischio;
- Mandati per il responsabile del rischio;
- Requisito di aderire al framework di gestione del rischio e alle procedure;
- Requisiti per i dipendenti di segnalare la scoperta di eventuali deviazioni dagli standard di rischio;
- I metodi utilizzati per identificare i rischi e determinarne il valore;
- Gli approcci adottati per trattare i rischi inaccettabili;
- I fattori che avviano una revisione dei rischi;
- Requisiti per comunicare le informazioni sui rischi ai proprietari dei rischi;
- Requisiti di monitoraggio per garantire l'individuazione precoce della necessità di rivalutare i rischi.

La Politica di gestione del rischio promuove un'identificazione strutturata dei rischi e un'analisi affidabile e coerente dei rischi.

7.3.4 Politica dei sistemi informativi

La Politica dei sistemi informativi descrive le regole per la sicurezza dei sistemi informativi durante tutto il loro ciclo di vita, inclusi acquisizione, sviluppo, uso, supporto, manutenzione e dismissione. La sicurezza dei sistemi informativi è definita nell'Articolo 6(2) come la capacità dei sistemi informativi di resistere, a un dato livello di confidenza, a qualsiasi evento che possa compromettere la disponibilità, l'autenticità, l'integrità o la riservatezza dei dati memorizzati, trasmessi o elaborati o dei servizi offerti da, o accessibili tramite, tali sistemi informativi. Gli elementi chiave della Politica dei sistemi informativi sono:

- Protezione dei sistemi informativi in conformità con gli obblighi legali e contrattuali e i rischi identificati;
- Restrizioni sui mandati per introdurre e modificare i sistemi informativi;
- Requisito di una valutazione del rischio per ogni introduzione e modifica ai sistemi informativi;
- Requisito di eseguire regolarmente scansioni delle vulnerabilità e test di penetrazione sui sistemi informativi critici;
- Monitoraggio delle informazioni rilevanti sulle vulnerabilità e sulle patch pubblicamente divulgate;
- Requisiti di gestione delle patch;
- Regole sull'uso dei controlli compensativi (un controllo di compensazione, chiamato anche controllo alternativo, è un meccanismo che viene messo in atto per soddisfare il requisito di una misura di sicurezza che è ritenuta troppo difficile o impraticabile da attuare al momento – ad esempio la Segregazione dei compiti (SoD: Segregation of Duties) o la crittografia);
- Regole sullo sviluppo dei sistemi informativi;
- Regole sui test di nuovi software, comprese patch e aggiornamenti e upgrade del software;
- Limitazioni sull'uso dei dati di test;
- Registrazione e monitoraggio delle attività nei sistemi informativi;
- Requisiti di autenticazione;
- Requisiti per DPIA (Valutazioni di impatto sulla protezione dei dati) e DTIA (Valutazioni di impatto sul trasferimento di dati).

7.4 Continuità aziendale e disaster recovery

L'obiettivo della pianificazione della resilienza è preparare l'organizzazione alle interruzioni e rispondere in modo tempestivo ed efficace per minimizzare l'impatto il più possibile.

La pianificazione della resilienza prepara per tre attività distinte ma correlate:

- **Gestione della crisi**
  Questa è la gestione dell'interruzione mentre si verifica. L'obiettivo principale della gestione delle crisi è contenere la causa dell'interruzione e rimuoverla dall'organizzazione.
- **Gestione della Continuità Aziendale**
  Le operazioni aziendali dovrebbero continuare, indipendentemente da ciò che accade. Quando l'ambiente primario è compromesso o inadatto alle operazioni aziendali, la Gestione della Continuità Aziendale cerca di continuare le operazioni in modi alternativi per soddisfare i requisiti minimi affinché l'azienda sopravviva mentre la crisi viene affrontata.
- **Gestione del ripristino (Disaster recovery)**
  Le interruzioni causano danni che devono essere riparati. Questa riparazione avviene dopo che la gestione delle crisi ha rimosso la causa. Contiene due attività distinte: il recupero dell'ambiente e il ripristino dei dati persi a causa dell'interruzione. La gestione del disaster recovery mira a recuperare e ripristinare l'organizzazione a uno stato di normale operatività il prima possibile, ma farà riferimento ai requisiti aziendali per garantire la continuità necessaria mentre l'interruzione è ancora in corso.

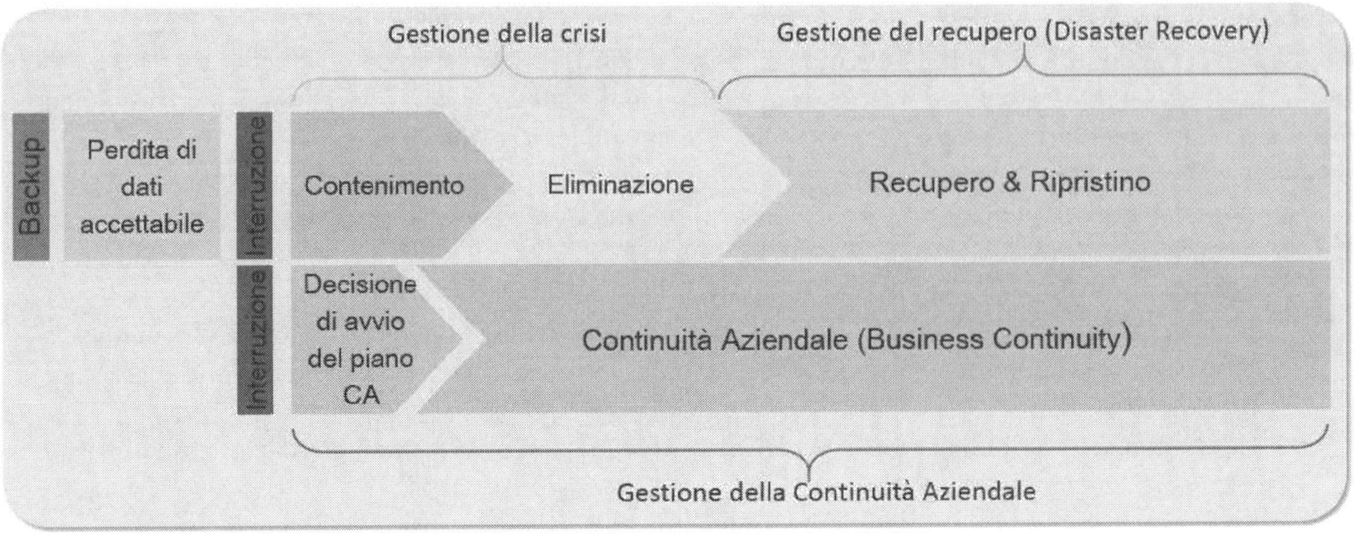

7.4.1 Pianificazione della continuità aziendale

La gestione della continuità aziendale supporta l'organizzazione nel:

- Preparare l'organizzazione a gestire le interruzioni;
- Rispondere a un'interruzione in modo strutturato e organizzato;
- Avvertire gli stakeholder e comunicare con loro riguardo all'interruzione;
- Riavviare i processi critici per consentire almeno la consegna dei prodotti e l'erogazione dei servizi necessari per la sopravvivenza dell'organizzazione;
- Riprendersi da un'interruzione in modo che possa cominciare a operare di nuovo come al solito;
- Ripristinare le sue informazioni e i sistemi informativi al punto di ripristino accettabile.

Elementi chiave di un Piano di continuità aziendale:

- **Valutazione del rischio:** Identificare i rischi che potrebbero portare a un evento dirompente che innescherebbe la necessità di misure di continuità aziendale.
- **Analisi dell'impatto aziendale (BIA: Business Impact Analysis):** L'identificazione dei processi critici, incluse le risorse associate come dipendenti chiave, sistemi vitali e informazioni.
- **Piano di risposta agli incidenti:** Un piano per affrontare l'interruzione. Include protocolli per invocare il Piano di continuità aziendale, convocare i team di crisi e rispondere all'incidente.
- **Piano di risposta alle emergenze:** Affronta i passaggi da seguire nei primi momenti di una crisi, inclusa l'evacuazione, le strategie di comunicazione e un protocollo di sicurezza.
- **Piano di comunicazione:** Il piano dovrebbe includere messaggi predefiniti e procedure per gestire le comunicazioni interne ed esterne.
- **Notifiche:** Le notifiche includono elenchi di notifica strutturati, elenchi di priorità di chiamata e dettagli di contatto dei team di crisi, di fornitori e autorità.
- **Piano di disaster recovery:** Affronta il recupero e il ripristino di tutti gli asset necessari per riportare l'organizzazione alla normalità.
- **Sistemi di backup:** Soluzioni che mantengono operativi i processi essenziali durante un'interruzione. Questo potrebbe includere sedi di backup, sistemi e personale necessari.
- **Protezione dei dati:** Poiché i controlli standard potrebbero non essere funzionali, si dovrebbero determinare modi alternativi per proteggere i sistemi informativi durante un'interruzione.
- **Continuità della catena di approvvigionamento:** Per evitare interruzioni derivanti da problemi dei fornitori, dovresti preparare misure di continuità come l'identificazione di fornitori alternativi.

L'Analisi dell'Impatto Aziendale (BIA) viene eseguita per determinare quali sono i processi critici nella tua organizzazione e quali deliverable supportano. Una buona BIA ti fornirà una visione di quanto tempo l'organizzazione può sopravvivere senza ciascun processo, in quale stato i processi devono essere recuperati nel tempo per poter soddisfare gli obblighi della tua organizzazione e quale perdita di dati l'organizzazione può accettare per poi ricreare i dati dopo il recupero e il ripristino. I concetti trattati nella BIA sono descritti di seguito.

- **Obiettivi di erogazione del servizio (SDO: Service Delivery Objectives):** Gli obiettivi di erogazione minimi che l'organizzazione ha nel tempo per rimanere vitale e rilevante.
- **Interruzione massima tollerabile (MTO: Maximum Tolerable Outage):** Il tempo massimo in cui l'organizzazione può comunque sopravvivere senza processi completamente operativi.
- **Obiettivo del tempo di ripristino (RTO: Recovery Time Objectives):** Il tempo assegnato al recupero dei processi e degli asset. Gli RTO sono direttamente collegati agli SDO. Qualsiasi recupero che deve essere effettuato per soddisfare gli SDO deve essere fatto entro gli RTO definiti. Se il recupero non può soddisfare gli RTO, allora dovrebbero essere valutate opzioni di ridondanza per garantire che l'organizzazione possa soddisfare i suoi obblighi.
- **Obiettivo del punto di ripristino (RPO: Recovery Point Objectives):** La quantità di dati che un'organizzazione è disposta a perdere dopo un'interruzione. L'RPO è sempre espresso in un periodo di tempo.

Per una risposta adeguata durante un'interruzione devi garantire che la capacità e la competenza del personale siano sufficienti per i compiti che devono essere svolti. Alcune delle competenze chiave che devono essere presenti nei team sono:

- La capacità di valutare il tipo e l'entità dell'interruzione e il potenziale impatto;
- La capacità di eseguire i compiti stabiliti nel Piano di continuità aziendale (BCP: Business Continuity Plan);
- La capacità di assegnare priorità ai compiti in base ai requisiti organizzativi;
- La capacità di monitorare gli effetti dell'interruzione;
- La capacità di coordinare e monitorare la risposta dell'organizzazione.

7.4.2 Gestione delle crisi

La gestione delle crisi è il coordinamento della tua risposta a una crisi, in modo efficace e tempestivo, con l'obiettivo di evitare o minimizzare i danni. Questi danni possono essere alla tua organizzazione (ad esempio la sua redditività, reputazione o capacità di operare), alle persone fisiche o alla società o all'economia europea.

Un team di gestione delle crisi è incaricato di contenere l'interruzione ed eradicare la causa della crisi in modo che la tua organizzazione possa riprendersi e tornare alle normali operazioni. In molti casi il team di gestione delle crisi assume anche il ruolo esteso di supervisionare il recupero e il ripristino.

Al centro di un team di gestione delle crisi dovresti avere un leader o presidente. Questa è la persona che è stata incaricata dalla direzione dell'organizzazione di prendere le decisioni riguardanti il contenimento e l'eradicazione dell'interruzione in corso. Tale mandato può essere limitato (ad esempio a livello finanziario).

Un secondo ruolo cruciale nel team di gestione delle crisi è il ruolo di segreteria o supporto amministrativo. Questa persona supporta il leader del team di gestione delle crisi e gli altri membri prendendo appunti, tenendo traccia delle azioni definite e delle questioni aperte e rimanendo in contatto con le risorse impegnate nella risposta. La persona che ricopre questo ruolo dovrà essere resistente allo stress, essere in grado di coordinare più attività contemporaneamente e condividere i dati con i membri del team di gestione delle crisi in un formato che possano comprendere e utilizzare per prendere decisioni.

Altre competenze possono far parte del team di gestione delle crisi a seconda della crisi in corso. Tipicamente potrà esserci qualcuno responsabile delle finanze, degli aspetti legali, delle operazioni aziendali, dell'IT e comunicazioni. Sempre più spesso il CISO o un membro del personale di sicurezza delle informazioni viene invitato a unirsi al team di gestione delle crisi poiché le loro abilità sui rischi informativi sono spesso necessarie.

Invece di "crisi", la NIS2 utilizza il termine "incidente di sicurezza informatica su larga scala" che l'Articolo 6(7) definisce come "un incidente che causa un livello di interruzione che supera la capacità di risposta di uno Stato membro o che ha un impatto significativo su almeno due Stati membri". In altre parole, gli incidenti di sicurezza informatica su larga scala fanno riferimento agli eventi a cui si applica la gestione delle crisi.

7.4.3 Disaster recovery

Il disaster recovery è un approccio strategico e completo per ripristinare i processi critici alla normalità dopo un evento dirompente. Dopo un disastro l'obiettivo principale del disaster recovery è minimizzare i tempi di inattività e mitigare l'impatto sulle operazioni, sulla reputazione e sulla fiducia degli stakeholder.

Un piano di disaster recovery (DRP: Disaster Recovery Plan) delinea i passaggi che l'organizzazione intraprenderà per recuperare e ripristinare le funzioni aziendali critiche dopo un evento dirompente. Si basa su elementi che sono stati eseguiti per il Piano di continuità aziendale, come la valutazione del rischio, l'Analisi dell'impatto aziendale (BIA) e l'analisi degli stakeholder. La dimensione, l'industria e le caratteristiche operative uniche dell'organizzazione rendono ogni piano di disaster recovery unico. Indipendentemente dall'organizzazione, ci sono argomenti chiave che dovrebbero essere affrontati nel piano di disaster recovery.

- **Procedure di risposta e attivazione**
  Le procedure di attivazione includono elenchi di contatti, protocolli di comunicazione e procedure di escalation, nonché protocolli per il coordinamento con entità esterne.
- **Procedure di ripristino**
  Queste procedure descrivono i metodi e le priorità di ripristino per diversi sistemi informativi. Si basano sui backup per soddisfare l'RPO (Obiettivo del punto di ripristino) definito dall'azienda.
- **Recupero delle strutture e delle attrezzature**
  Il recupero delle strutture e delle attrezzature (non necessariamente attrezzature IT) garantisce che l'organizzazione possa soddisfare i suoi Obiettivi di erogazione del servizio (SDO), in particolare quelli che non dipendono (solo) dall'IT. Spazi di lavoro alternativi e fattori ambientali come energia, HVAC (Heating, Ventilation, and Air Conditioning) e sicurezza fisica devono essere inclusi nel piano di recupero.
- **Documentazione dell'infrastruttura e della tecnologia**
  Le procedure di recupero utilizzano questa documentazione per un recupero ottimale dell'infrastruttura.
- **Valutazione post-recupero**
  Che tu stia testando il tuo piano di disaster recovery o lo stia eseguendo in risposta a un incidente,

ogni volta che applichi il piano di disaster recovery dovresti prenderti del tempo post-recupero per valutare l'esecuzione del piano e i risultati del recupero.

I backup sono una parte essenziale del recupero dai disastri. Sono utilizzati per ripristinare i sistemi informativi e i dati in essi contenuti se diventano non disponibili o corrotti. Poiché i backup sono essenzialmente duplicati dei tuoi sistemi informativi e dei loro dati, sono estremamente preziosi per l'organizzazione ma anche per gli attori malintenzionati! La gestione dei backup è indispensabile per qualsiasi organizzazione e deve affrontare l'intero ciclo di vita dei tuoi backup includendo pratiche sicure in ogni sua fase, come la protezione dell'accesso fisico, la protezione dell'accesso logico e la conservazione dei backup.

La Politica di backup dovrebbe descrivere sia il backup che il ripristino delle informazioni e dei sistemi informativi. La tua Politica di backup dovrebbe riflettere le esigenze aziendali. Alcune delle raccomandazioni tipiche della Politica di backup sono elencate di seguito.

- I backup dovrebbero consentirti di ripristinare gli ambienti in tutto o in parte;
- I programmi di backup dovrebbero essere definiti sia per il ripristino in base a un'interruzione sia per la conservazione dei dati a lungo termine;
- I backup devono essere protetti in conformità con le classificazioni dei dati contenuti. Tipicamente questo significa che i backup sono crittografati e conservati in un luogo sicuro;
- Il ripristino deve essere sempre possibile, indipendentemente dall'incidente. Questo significa che (alcuni) backup devono essere conservati offline e fuori sede;
- La possibilità di ripristino deve essere verificata attraverso test regolari dei backup;
- L'accesso ai backup deve essere controllato.

Ci sono due ragioni principali per cui dovresti ripristinare da un backup:

- Le operazioni sono interrotte dopo un incidente e i sistemi informativi o i dati devono essere ripristinati per continuare le operazioni;
- La tua organizzazione è tenuta a presentare una vista dei sistemi informativi come si trovavano in un determinato momento del passato, di solito a causa di un requisito legale.

I backup vengono eseguiti periodicamente. Il periodo tra i backup è determinato dagli RPO (Obiettivo del punto di ripristino) definiti. Se i backup non possono soddisfare i requisiti degli RPO, devono essere adottate altre misure, come soluzioni di failover e ridondanze di sistema.

I backup sono destinati a consentire alla tua organizzazione di ripristinare i tuoi sistemi informativi a uno stato operativo. Pertanto i backup dovrebbero includere software e parametri di configurazione oltre ai dati.

7.4.4 Test di resilienza

Una resilienza adeguata richiede pianificazione. Per essere veramente efficace, la tua continuità operativa, la gestione delle crisi e il disaster recovery dovrebbero essere documentati in piani formali che vanno accuratamente testati e fatti oggetto di addestramento. Un piano non testato e senza addestramento non è affatto un piano.

Testare il piano garantisce che il contenuto del piano soddisfi i requisiti della tua organizzazione. Il test prepara anche le persone che devono eseguire il piano in modo che possano svolgere al meglio i compiti durante un'interruzione. Ci sono vari test che dovresti eseguire.

- **Verifica delle checklist**
  Questi test verificano che tutte le parti del piano siano incluse e aggiornate.
- **Revisioni teoriche ("a tavolino")**
  In questi test le persone a cui il piano assegna dei compiti esamineranno i piani e rifletteranno sulla loro comprensione e capacità percepita di eseguire il piano come descritto.
- **Simulazioni**
  In una simulazione i partecipanti seguiranno lo scenario di una interruzione che potrebbe realisticamente verificarsi. Per la NIS2 questo dovrebbe essere un incidente di sicurezza informatica. La simulazione ti permetterà di identificare i problemi nelle procedure che hai descritto (ad esempio risorse insufficienti, passaggi mancanti o interpretati erroneamente, ecc.).
- **Test paralleli**
  Eseguendo test paralleli mantieni le operazioni in corso senza interruzioni mentre esegui contemporaneamente un test live accanto ad esse. Tipicamente tali test avviano attività di failover a una struttura di elaborazione alternativa e recuperano e ripristinano il tuo ambiente in quel sito in conformità con il piano.
- **Test di interruzione completa**
  In questo test il processo primario viene interrotto e il piano viene eseguito completamente. Di conseguenza questo test interromperà l'attività, il che è spesso il motivo per cui le organizzazioni non eseguono test di interruzione completa.

La formazione frequente ha un impatto positivo sull'efficienza della tua risposta alle crisi e quindi aiuta a ridurre l'impatto delle interruzioni. Tieni presente che, man mano che si verificano cambiamenti nel personale, le composizioni dei team possono cambiare e la formazione potrebbe dover essere ripetuta.

7.5 Gestione degli incidenti

La NIS2 richiede di essere in grado di rispondere tempestivamente e adeguatamente agli attacchi informatici. Un piano di risposta agli incidenti con uno scenario di attacco informatico ti aiuterà a gestire al meglio tali incidenti.

Un elemento chiave del piano di risposta è una procedura di gestione degli incidenti. La procedura affronterà tutti i punti nel flusso dell'incidente rappresentato nella figura seguente.

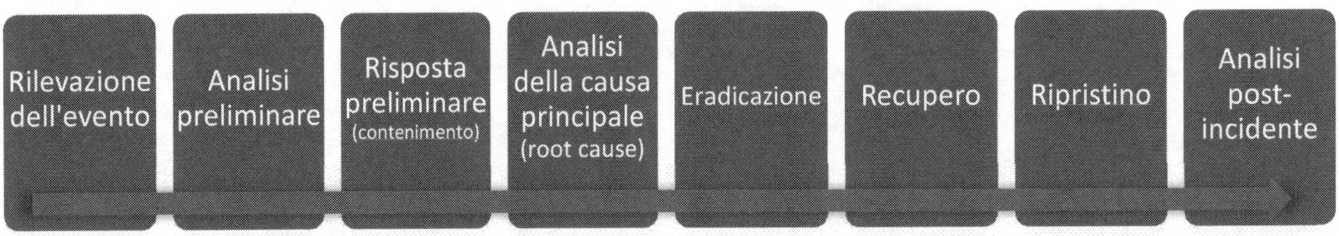

- **Rilevazione dell'evento** può essere manuale tramite segnalazioni dei dipendenti, divulgazioni di vulnerabilità o automatizzata tramite strumenti di analisi dei log.
- **Analisi preliminare** determina la probabilità di compromissione e quale sia il piano di risposta appropriato per affrontare l'evento rilevato. L'analisi determinerà anche l'entità della violazione e se si tratta di un incidente significativo.

- **Risposta preliminare** si concentra sul contenimento del problema. In una crisi il team di gestione delle crisi viene allertato e determinerà se il Piano di continuità aziendale verrà invocato e se devono essere attivate sedi alternative. Le comunicazioni, comprese le notifiche di avviso preliminare della NIS2, vengono avviate in questa fase.
- **Analisi della causa principale (RCA: Root Cause Analysis)** dovrebbe essere prioritaria una volta contenuta la crisi e dovrebbero essere intrapresi i passaggi successivi di eradicazione. I dettagli della RCA vengono aggiunti alla notifica di avviso preliminare entro 72 ore dal rilevamento dell'evento. La direzione viene informata almeno dello stato dell'incidente.
- **Recupero e ripristino** possono avvenire una volta completata l'eradicazione. Dovrebbe essere impostato un monitoraggio avanzato delle cause per garantire che la minaccia sia stata correttamente eradicata. Se il recupero è ancora in corso un mese dopo la presentazione del rapporto di notifica dell'incidente, dovresti fornire un rapporto di avanzamento allo CSIRT o all'autorità competente.
- **Analisi post-incidente** dovrebbe essere eseguita quando il recupero è completato. Valuta come è stato eseguito il piano di risposta e avvia miglioramenti al piano per un uso futuro. L'analisi fornisce anche una comprensione delle cause dell'incidente per cui vengono redatti piani di rimedio per prevenire la ricorrenza. Alla chiusura dell'analisi, un rapporto finale deve essere inviato allo CSIRT o all'autorità competente non oltre un mese dopo il rilevamento iniziale.

7.6 Gestione sicura del ciclo di vita dei sistemi

L'Articolo 21(2e) richiede di applicare la sicurezza nei sistemi informativi e di rete durante tutto il loro ciclo di vita. Il ciclo di vita del sistema si applica ai sistemi acquisiti così come ai sistemi sviluppati dall'organizzazione o per conto dell'organizzazione e consiste in sei fasi:

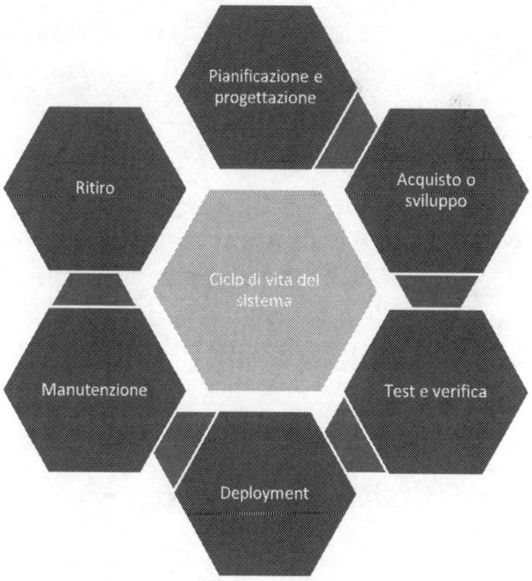

- **Pianificazione e progettazione:** In questa fase viene stabilita la necessità dell'organizzazione e viene tradotta in un piano e in un design.
- **Acquisizione o sviluppo:** L'organizzazione può scegliere di utilizzare sistemi commerciali pronti all'uso, sviluppare sistemi internamente o farli sviluppare da una terza parte.
- **Test e verifica:** Qualsiasi sistema acquisito o sviluppato deve essere testato a fondo prima di essere messo in produzione. Sia i test tecnici che funzionali devono essere eseguiti con successo.
- **Deployment:** Un sistema testato con successo verrà programmato per la distribuzione in produzione utilizzando le normali procedure di gestione delle modifiche (change enablement / change management).
- **Manutenzione:** Qualsiasi sistema deve essere mantenuto. La manutenzione include l'applicazione di aggiornamenti e patch, la manutenzione delle parti e il supporto del sistema. I costi di manutenzione dovrebbero essere bilanciati con i benefici che l'organizzazione ottiene dall'uso del sistema.
- **Ritiro:** Una volta che il sistema non contribuisce più in modo positivo all'organizzazione, dovrebbe essere ritirato. Il ritiro include la dismissione e la cancellazione o distruzione delle informazioni che rimangono sul prodotto ritirato.

I sistemi dovrebbero essere testati prima di essere messi in produzione.

- **Test statico della sicurezza delle applicazioni (SAST: Static application security testing):** In questo test il codice viene analizzato preventivamente per identificare e segnalare le vulnerabilità affinché siano corrette.
- **Test dinamico della sicurezza delle applicazioni (DAST: Dynamic application security testing):** I test DAST, come la scansione delle vulnerabilità e i test di penetrazione, testano il sistema durante il runtime.
- **Test di resilienza:** Questo tipo di test si concentra sulla resistenza allo stress della rete o del sistema informativo.
- **Test di integrazione:** Questo tipo di test identifica eventuali problemi che i tuoi sistemi informativi e di rete possono avere quando scambiano informazioni con altri sistemi.

La NIS2 esprime preoccupazione per la sicurezza e privacy fin dalla progettazione e per impostazione predefinita, sebbene questa preoccupazione sia limitata ai fornitori di reti di comunicazione elettronica pubbliche e ai servizi di comunicazione elettronica accessibili al pubblico (Considerando 98 e 104). Si riferisce anche alla privacy fin dalla progettazione in conformità con il GDPR (Considerando 51).

Il controllo sullo sviluppo è essenziale. Questo controllo dovrebbe affrontare:

- Protezione della proprietà intellettuale e dei risultati della ricerca (Considerando 36);
- Conformità alle procedure formali di sviluppo sicuro (Articolo 21(3));
- Certificazione secondo uno schema di certificazione della sicurezza informatica europea (Articolo 24(1));
- Protezione del codice sorgente tramite restrizioni di accesso, crittografia e backup;
- Limitazioni sull'uso dei dati di produzione (ad esempio requisiti GDPR);
- Separazione tra reti di produzione e sviluppo;
- Protezione della rete di sviluppo e dei sistemi informativi.

7.7 Sicurezza delle risorse umane

Gli elementi chiave della sicurezza delle risorse umane risiedono nei processi per i nuovi assunti, i trasferimenti e le dimissioni della tua organizzazione. La sicurezza delle risorse umane è un requisito dell'Articolo 21(2i) ma non è esplicitamente definita nella NIS2. Il Considerando 79 specifica che la sicurezza delle risorse umane dovrebbe essere coerente con la CER. I criteri CER sono focalizzati sui nuovi assunti e non descrivono nulla sui trasferimenti o sulle dimissioni.

7.7.1 Entrare nell'organizzazione

L'Articolo 13(1e) della CER si concentra sul processo di assunzione e identifica i seguenti punti:

- Le categorie di personale che esercitano funzioni critiche dovrebbero essere identificate;
- I diritti di accesso ai locali, alle infrastrutture critiche e alle informazioni sensibili dovrebbero essere identificati per ciascuna categoria;
- Dovrebbero essere identificate appropriate esigenze di formazione e qualificazione;
- Sono richiesti controlli dei precedenti per alcune categorie di persone. Questi controlli dovrebbero essere proporzionati ai rischi dell'organizzazione e includere:
  - Conferma dell'identità della persona;
  - Un controllo dei precedenti penali di quella persona riguardo a reati che potrebbero essere rilevanti per una posizione specifica.

Anche la formazione sulla consapevolezza della cybersicurezza è considerata parte della sicurezza delle risorse umane.

7.7.2 Trasferimento all'interno dell'organizzazione

Durante un trasferimento una persona di solito scambia un ruolo con un altro. Un trasferimento quindi identifica l'abbandono di un ruolo e l'assunzione di un altro ruolo. Un trasferimento può portare a differenti diritti di accesso e rischi di sicurezza di cui la persona deve essere informata.

7.7.3 Lasciare l'organizzazione

Al momento di lasciare l'organizzazione una persona dovrebbe restituire tutti gli asset aziendali. Se era consentito l'uso di dispositivi personali dovresti assicurarti che le informazioni vengano eliminate dai loro dispositivi. Prima di eliminarle conferma che le informazioni rimangano disponibili per l'organizzazione o non siano più necessarie. I diritti di accesso devono essere revocati.

7.8 Sicurezza della catena di approvvigionamento

L'aumento degli attacchi alla catena di approvvigionamento in combinazione con l'aumento esponenziale degli attacchi ransomware è motivo di preoccupazione nell'UE e di conseguenza un punto focale per ciascuna delle strategie di sicurezza informatica degli Stati membri (Considerando 54).

Affrontare i rischi derivanti dalle tue catene di approvvigionamento critiche e dalla tua relazione con i tuoi fornitori critici è particolarmente importante poiché ci sono numerosi esempi di organizzazioni che sono diventate vittime di attacchi informatici attraverso vulnerabilità sfruttate in prodotti e servizi di terze parti. Dovresti quindi valutare e considerare la qualità complessiva e la resilienza dei prodotti e servizi, le misure di gestione del rischio di sicurezza informatica incorporate in essi e le pratiche di cybersicurezza dei tuoi fornitori e fornitori di servizi critici (Considerando 85).

Il Considerando 91 elenca i criteri che aiutano a identificare le catene di approvvigionamento critiche. I criteri sono elencati di seguito:

- La misura in cui utilizzi e dipendi da specifici servizi ICT critici, sistemi ICT o prodotti ICT;
- La rilevanza di specifici servizi ICT, sistemi ICT o prodotti ICT per l'esecuzione di funzioni critiche o sensibili, inclusa l'elaborazione di dati personali;
- La disponibilità di servizi ICT, sistemi ICT o prodotti ICT alternativi;
- La resilienza dell'intera catena di fornitura di servizi ICT, sistemi ICT o prodotti ICT durante il loro ciclo di vita contro eventi dirompenti;
- Per i servizi ICT emergenti, sistemi ICT o prodotti ICT, la loro potenziale importanza futura per le attività dei soggetti.

La sicurezza della catena di approvvigionamento può essere divisa in tre componenti essenziali, ovvero approvvigionamento, gestione dei contratti e gestione delle relazioni.

7.8.1 Approvvigionamento

Come parte dell'approvvigionamento di nuovi prodotti, servizi e sistemi, dovrebbe essere eseguita un'analisi per identificare i tuoi requisiti di sicurezza. Questi requisiti sono rivolti sia al prodotto, servizio o sistema che al fornitore, inclusa la catena di approvvigionamento ulteriore (Articolo 21(2d)).

Nella selezione della terza parte con cui desideri procedere, devi eseguire una valutazione del rischio della terza parte e affrontare le vulnerabilità specifiche in essa presenti, nonché la qualità complessiva dei prodotti e le pratiche di sicurezza informatica della terza parte (Articolo 21(3)).

Per dimostrare la conformità alle misure di sicurezza richieste dalla NIS2, gli Stati membri possono richiedere alla tua organizzazione di utilizzare particolari prodotti ICT, servizi ICT o processi ICT certificati secondo gli schemi di certificazione della sicurezza informatica europea (Articolo 24(1)).

Dopo aver identificato i requisiti riguardanti la sicurezza della terza parte e dei prodotti, servizi e processi che offrono, dovresti assicurarti che i requisiti siano verificati. Un buon modo per verificare i requisiti è emettere una Richiesta di Proposta (RFP: Request For Proposal) in cui tutti i tuoi requisiti sono chiaramente specificati e a cui possono essere richieste risposte da terze parti idonee. Sei responsabile di garantire che la terza parte selezionata soddisfi adeguatamente i requisiti.

Dove sono stati identificati livelli insufficienti di sicurezza informatica, la Commissione è autorizzata ad adottare atti delegati per integrare la Direttiva specificando quali categorie di Soggetti Essenziali e Importanti devono utilizzare determinati prodotti ICT certificati, servizi ICT e processi ICT o ottenere un certificato secondo uno schema di certificazione della sicurezza informatica europea (Articolo 24(2)).

7.8.2 Gestione dei contratti

Dovresti incorporare nel contratto gli impegni presi nella RFP dalla terza parte selezionata. Come parte del contratto dovresti assicurarti che la tua terza parte applichi anche misure simili nei contratti con i loro fornitori, inclusa la necessità di applicare misure simili nei contratti con i loro sub-fornitori (Considerando 85).

Le clausole contrattuali chiave elencate di seguito dovrebbero essere incluse nel tuo contratto.

- **Clausola di riservatezza:** Il contratto dovrebbe includere requisiti sulla protezione della riservatezza delle informazioni condivise, delle comunicazioni e delle pratiche. Tali requisiti di riservatezza dovrebbero essere definiti per prevalere dopo la risoluzione del contratto. La riservatezza può essere descritta direttamente nel contratto o può essere fatto riferimento a un Accordo di Non Divulgazione (NDA: Non Disclosure Agreement) separato.
- **Requisiti di notifica e segnalazione:** Il contratto dovrebbe avere requisiti chiari per il fornitore di notificarti tempestivamente qualsiasi problema, conformandosi almeno alle leggi e ai regolamenti applicabili come la NIS2.
- **Requisiti di sicurezza allineati al rischio:** Il tuo contratto dovrebbe includere il requisito per determinate misure di sicurezza, inclusi almeno quelli definiti nell'Articolo 21(2) per qualsiasi servizio che contribuisce ai servizi critici che hanno posto la tua organizzazione nell'ambito della Direttiva. Le misure che specifichi dovrebbero essere allineate ai rischi che hai identificato nella relazione e nei servizi che ottieni dal fornitore e nella catena di approvvigionamento sottostante. Poiché i rischi cambiano nel tempo, dovresti includere la possibilità di modificare i requisiti di sicurezza nel contratto, specialmente dove i contratti sono rinnovati automaticamente. Questo previene di avere requisiti di sicurezza obsoleti che non sono più allineati ai rischi della tua organizzazione.
- **Diritto di audit:** Dovresti sempre avere il diritto di verificare se il tuo fornitore soddisfa i criteri che hai stabilito nel contratto;
- **Clausola di uscita:** Dovresti sempre considerare la possibilità di voler interrompere l'uso di un prodotto, servizio o sistema specifico.

7.8.3 Gestione delle relazioni

Durante tutto il ciclo di vita del contratto dovresti impegnarti attivamente con il fornitore per garantire che il contratto venga eseguito in conformità con le tue aspettative e in linea con l'evoluzione della tua organizzazione. L'Articolo 21(2d) richiede di affrontare "aspetti relativi alla sicurezza riguardanti le relazioni tra ciascun soggetto e i suoi diretti fornitori o fornitori di servizi".

Affrontare i rischi derivanti dalla catena di approvvigionamento di un soggetto e dalla sua relazione con i suoi fornitori è particolarmente importante data la prevalenza di incidenti in cui i soggetti sono stati vittime di attacchi informatici in cui i malintenzionati sono stati in grado di compromettere la sicurezza della rete e dei sistemi informativi di un'organizzazione sfruttando vulnerabilità che interessano prodotti e servizi di terze parti (Considerando 85). Allo stesso modo è importante affrontare i rischi derivanti dalle interazioni e dalle relazioni con altri stakeholder all'interno di un ecosistema più ampio, come le collaborazioni con istituzioni accademiche e di ricerca (Considerando 88).

7.9 Gestione delle vulnerabilità

L'identificazione e la correzione rapida delle vulnerabilità riducono significativamente la possibilità di interruzioni e il conseguente impatto. Le procedure di gestione delle vulnerabilità sono quindi indispensabili nella gestione della sicurezza informatica.

Le vulnerabilità sono spesso scoperte e divulgate da terze parti. E' necessario creare una procedura per ricevere informazioni sulle vulnerabilità da terze parti (Considerando 58).

7.9.1 Trattamento delle vulnerabilità

Il trattamento delle vulnerabilità inizia con il monitoraggio delle fonti di informazioni sulle vulnerabilità e la scansione del tuo ambiente per eventuali vulnerabilità.

Dovresti monitorare sia le fonti pubbliche che non pubbliche disponibili, in modo da avere informazioni su eventuali cambiamenti nel panorama delle minacce e delle vulnerabilità che potrebbero influenzare i tuoi sistemi informativi e di rete. Ci sono vari database di vulnerabilità che puoi monitorare. Dovresti anche considerare le vulnerabilità specifiche di ciascun fornitore diretto e fornitore di servizi (Articolo 21(3)).

La scansione e il monitoraggio del tuo ambiente facilitano l'individuazione precoce di potenziali incidenti e ti consentono di rispondere rapidamente per minimizzare l'impatto. Puoi chiedere al tuo CSIRT di scansionare proattivamente la tua rete e i tuoi sistemi informativi per rilevare vulnerabilità che abbiano un potenziale impatto significativo (Articolo 11(3e)).

Le vulnerabilità rilevate dovrebbero essere valutate e trattate come necessario. La risposta più comune è la gestione delle patch. In assenza di patch disponibili le autorità competenti o gli CSIRT forniranno indicazioni agli utenti di prodotti ICT e servizi ICT vulnerabili su come mitigare i rischi derivanti dalle vulnerabilità divulgate (Articolo 12(2c)).

7.9.2 Divulgazione coordinata delle vulnerabilità (CVD: Coordinated vulnerability disclosure)

Un processo CVD è un processo definito attraverso il quale le vulnerabilità vengono segnalate al produttore o al fornitore dei prodotti ICT o servizi ICT potenzialmente vulnerabili. Descrive il modo in cui le segnalazioni possono essere presentate e a quali condizioni. I CVD dovrebbero essere descritti in modo tale da consentire al destinatario di verificare, diagnosticare e risolvere il problema. Il processo CVD dovrebbe includere anche il coordinamento tra la persona fisica o giuridica che segnala e il produttore o fornitore dei prodotti ICT o servizi ICT potenzialmente vulnerabili riguardo ai tempi di rimedio e pubblicazione delle vulnerabilità a terze parti o al pubblico (Considerando 58). Chiunque può presentare un CVD, a condizione che aderisca alle regole stabilite dal processo CVD. Per incoraggiare la divulgazione delle vulnerabilità, la divulgazione non dovrebbe avere effetti negativi sulla persona fisica o giuridica che segnala (Considerando 62). Le divulgazioni possono essere fatte in modo anonimo. In tal caso la parte ricevente ha la responsabilità di garantire l'anonimato della parte segnalante.

Struttura del file Security.txt

Crea un file di testo chiamato security.txt nella directory .well-known del tuo sito web. Questo file contiene le seguenti informazioni:

- **RECORD OBBLIGATORI**
  - **Contatto**: Un link o un indirizzo e-mail per contattarti riguardo a problemi di sicurezza. Includi "mailto:" per le e-mail. Puoi aggiungere più record di contatto (ad esempio, per diversi modi di contattarti);
  - **Scadenza**: La data e l'ora in cui il contenuto del file security.txt dovrebbe essere considerato obsoleto. Il formato della data segue lo standard ISO 8601, che appare così: 2021-12-31T18:37:07.000Z.
- **RECORD OPZIONALI**
  - **Crittografia**: Un link a una chiave che i ricercatori di sicurezza dovrebbero utilizzare per contattarti in modo sicuro.
  - **Riconoscimenti**: Un link a una pagina web dove ringrazi i ricercatori di sicurezza che ti hanno aiutato.
  - **Lingue preferite**: Un elenco separato da virgole dei codici linguistici parlati dal tuo team di sicurezza.
  - **Canonico**: Gli URL per accedere al tuo file security.txt. È importante includerli se stai firmando digitalmente il file security.txt, in modo che anche la posizione del file security.txt possa essere firmata digitalmente.
  - **Politica**: Un link a una politica che dettagli cosa dovrebbero fare i ricercatori di sicurezza quando cercano o segnalano problemi.
  - **Assunzioni**: Un link a eventuali posizioni lavorative legate alla sicurezza nella tua organizzazione.
  - **CSAF**: Un link al provider-metadata.json del tuo fornitore CSAF (Common Security Advisory Framework).

Ricorda di includere "https://" per tutti i link che inserisci nel file.

Uno degli CSIRT di ciascuno Stato membro è designato come coordinatore per i CVD. Su richiesta di una delle parti, questo CSIRT agirà come intermediario, facilitando l'interazione tra la parte che segnala una vulnerabilità e il produttore o fornitore dei prodotti ICT o servizi ICT potenzialmente vulnerabili (Articolo 12(1)).

La tua organizzazione dovrebbe avere sia un processo di gestione che di segnalazione dei CVD (Articolo 21(2e)). Il processo di gestione seguirà generalmente i passaggi delineati nella gestione degli incidenti. Il processo di segnalazione riguarda il metodo con cui le parti dovrebbero segnalare le vulnerabilità a te. Le parti possono scegliere di segnalare le vulnerabilità tramite lo CSIRT, ma possono anche scegliere di segnalare le vulnerabilità direttamente a te. Una buona pratica per questo scopo è quella di implementare un file security.txt sul sito web della tua organizzazione. Lo standard è descritto in dettaglio su securitytxt.org.

7.10 Gestione degli asset

La gestione degli asset, richiesta dall'Articolo 21(2i), include attività di registrazione, protezione, distribuzione, manutenzione e riciclaggio e dismissione degli asset. È una parte essenziale dell'identificazione del rischio. La NIS2 adotta un approccio multirischio che mira a proteggere contro tutti i tipi di minacce e rischi relativi agli asset come hardware, software, soluzioni cloud, sedi fisiche e persone (Considerando 79).

- **Registrazione**
  Gli asset sulla rete possono spesso essere identificati utilizzando sistemi di rilevamento automatico. L'inventario dovrebbe essere completato manualmente con posizioni fisiche, persone, ambienti cloud e segmenti di rete non scansionati utilizzando gli strumenti di rilevamento.
- **Protezione**
  La protezione degli asset dovrebbe essere basata su un approccio multirischio, proteggendo gli asset e il loro ambiente fisico contro guasti di sistema, errori umani, atti dolosi o fenomeni naturali. Gli standard europei e internazionali, come l'ISO 27001, forniscono una base di controlli per la protezione degli asset (Considerando 79).
- **Distribuzione**
  Alcuni asset sono distribuiti in una posizione fissa o a persone. Le posizioni devono essere documentate e le condizioni di utilizzo devono essere comprese da coloro che gestiscono l'asset.
- **Manutenzione**
  La manutenzione garantisce che gli asset mantengano la loro efficacia e disponibilità. Man mano che il contesto organizzativo cambia il valore dell'asset può cambiare, portando a scelte diverse nella manutenzione e nell'accettazione del rischio.
- **Riciclaggio e dismissione**
  Gli asset che vengono riutilizzati o dismessi devono essere ripuliti dalle informazioni sensibili. Se la cancellazione non è fattibile dovresti considerare la distruzione sicura dell'asset.

7.11 Crittografia e cifratura

L'Articolo 21(2h) afferma che devi avere "Politiche e procedure relative all'uso della crittografia e, se del caso, della cifratura".

La crittografia è lo studio della protezione delle informazioni utilizzando codici segreti. Lo studio contiene due parti, la prima delle quali è costituita dalle tecniche per creare la protezione, la seconda è costituita dalle tecniche per violare la protezione.

La Politica di crittografia descrive le condizioni in cui sono richieste tecniche crittografiche, come queste tecniche dovrebbero essere mantenute e quali tipi di cifratura sono consentiti.

Una Politica di crittografia efficace includerà gli argomenti elencati di seguito.

- Considerazione delle restrizioni sull'uso della crittografia nelle leggi e nei regolamenti;
- Classificazioni dei dati che sono crittografati a riposo, in uso e in transito;
- Cifratura delle comunicazioni su infrastrutture pubbliche;
- L'uso di hash per memorizzare le password e identificare l'integrità dei dati critici;
- Criteri di utilizzo dei certificati PKI (Public Key Infrastructure);
- Standard crittografici minimi accettati dalla tua organizzazione;
- Protezione delle chiavi private contro l'accesso non autorizzato e per garantire la disponibilità.

La procedura di utilizzo della crittografia definisce quando e come utilizzare la crittografia e come sostituire la crittografia. Alcuni passaggi nella procedura sono:

- Determinare se è necessaria la crittografia;
- Determinare se devono essere utilizzate chiavi uniche o se può essere utilizzata una coppia esistente;
- Confermare che la cifratura soddisfi eventuali requisiti legali;
- Generazione sicura di nuove coppie di chiavi;
- Protezione delle chiavi private;
- Sostituzione delle chiavi quando necessario.

L'Articolo 21(2h) richiede di considerare la cifratura ove appropriato. Il Considerando 98 specifica che la cifratura end-to-end dovrebbe essere utilizzata per salvaguardare la sicurezza delle reti di comunicazione elettronica pubbliche e dei servizi di comunicazione elettronica accessibili al pubblico. Il Considerando 104 specifica che i fornitori di reti di comunicazione elettronica pubbliche o di servizi di comunicazione elettronica accessibili al pubblico informano i loro clienti delle minacce informatiche significative e delle misure che possono adottare, ad esempio utilizzando tecnologie di cifratura.

Cifratura delle informazioni memorizzate

La cifratura dei dati memorizzati serve a proteggere le informazioni sensibili all'interno della tua organizzazione contro l'accesso non autorizzato.

Cifratura delle informazioni in transito

La cifratura durante le trasmissioni dei dati è cruciale per proteggere le informazioni mentre viaggiano attraverso le reti. Questo garantisce che i dati rimangano riservati e intatti durante il loro viaggio da un punto all'altro. La cifratura delle informazioni in transito protegge contro gli attacchi man-in-the-middle.

Cifratura dei dati in uso

La cifratura dei dati in uso implica la protezione delle informazioni mentre vengono attivamente elaborate o utilizzate dalle applicazioni, garantendo che i dati sensibili non siano esposti durante queste operazioni. Tale cifratura aiuta a prevenire attacchi che mirano alle informazioni presenti nella memoria del computer, riducendo il rischio di furto di dati durante l'elaborazione.

Per le applicazioni che trattano informazioni altamente sensibili, la cifratura dei dati in uso aggiunge un ulteriore livello di sicurezza per prevenire l'accesso non autorizzato durante l'elaborazione.

7.12 Gestione degli accessi

L'Articolo 21(2i) richiede la presenza di Politiche di controllo degli accessi. Il controllo degli accessi determina chi è autorizzato ad accedere a specifiche informazioni e sistemi informativi e a quali condizioni viene concesso l'accesso.

La NIS2 non fa esplicito riferimento ai requisiti di contenuto per la Politica di controllo degli accessi, sebbene i Considerando 49 e 79 si riferiscano alle restrizioni di accesso per gli account amministratore e alla considerazione dell'accesso fisico. L'Articolo 21(2g) definisce la necessità dell'organizzazione di pratiche di igiene informatica di base. Il termine igiene informatica è contestualizzato in diversi Considerando, incluso il Considerando 49 che afferma che le Politiche di igiene informatica includono i cambiamenti delle password.

La Politica di controllo degli accessi è spesso combinata con la Politica sulle password.

Ognuno dei seguenti argomenti può essere letto dalla prospettiva del controllo degli accessi fisici e del controllo degli accessi logici e dovrebbe essere considerato nella Politica combinata di controllo degli accessi e delle password.

- Rivedere regolarmente i diritti di accesso e specialmente in caso di cambiamenti nei ruoli o nelle responsabilità;
- Utilizzare account separati per i diritti di accesso amministrativi o utilizzare strumenti di gestione degli accessi privilegiati;
- Monitorare e registrare l'uso degli account;
- Fornire solo l'accesso necessario per eseguire i compiti assegnati al titolare dell'account;
- Rimuovere automaticamente i diritti di accesso temporanei dopo il periodo di utilizzo concordato;
- Non condividere mai i dettagli di autenticazione con chiunque non sia titolare dell'account;
- Definire la complessità delle password in base alla classificazione dei dati accessibili;
- Utilizzare l'autenticazione a più fattori (MFA: Multi Factor Authentication) per l'autenticazione su infrastrutture pubbliche come Internet;
- Definire la lunghezza, la complessità, la scadenza, la deducibilità e il numero massimo di tentativi di accesso delle password in modo da fornire una protezione adeguata ai dati a cui si accede;
- Considerare le restrizioni legali sull'uso dei metodi di autenticazione come i dati biometrici.

7.12.1 Gestione degli accessi privilegiati (PAM: Privileged Access Management)

Il Considerando 49 afferma la necessità di limitare gli account con accesso a livello di amministratore. Il PAM è una misura che facilita tali limitazioni in linea con i principi di zero-trust. Il PAM è più spesso utilizzato per privilegi temporanei elevati e offre il vantaggio che un utente non ha accesso privilegiato a meno che non sia necessario in un determinato momento.

7.12.2 Autenticazione a più fattori (MFA: Multi-Factor Authentication)

L'Articolo 21(2j) richiede l'uso dell'autenticazione multi-fattore. Non specifica le condizioni in cui dovrebbe essere utilizzata la MFA. Ci sono tre fattori principali riconosciuti.

- **Cosa sai:** Descrive la conoscenza che il proprietario dell'identità ha e che nessun altro dovrebbe avere, espressa principalmente in una password;
- **Cosa hai:** Descrive qualcosa di unico in possesso del proprietario dell'identità. L'oggetto avrà un identificatore unico;
- **Cosa sei:** Descrive una caratteristica unica di una persona. Per sua natura, questo fattore è personale e di conseguenza è spesso un argomento controverso nelle discussioni sulla privacy. Sebbene il fattore possa sembrare sicuro, ha un notevole svantaggio in quanto non può essere sostituito se compromesso.

Molte persone sostengono erroneamente che "dove sei" sia un quarto fattore che può essere utilizzato nella MFA. Mentre gli altri tre fattori descrivono qualcosa che può essere attribuito unicamente a te, dove sei descrive solo un'impostazione generica, potenzialmente di più persone.

La MFA non è la stessa cosa dell'autenticazione a più passaggi in cui i livelli di autenticazione possono essere basati sullo stesso fattore (ad esempio, utilizzando due password diverse).

7.12.3 Autenticazione continua

L'Articolo 21(2j) specifica l'autenticazione continua come alternativa alla MFA. L'autenticazione continua fornisce la conferma dell'identità in modo continuo. Raccoglie continuamente informazioni sulle azioni e sui modelli di un utente e impara a distinguere tra comportamento normale e anomalo. Misurando costantemente la probabilità che gli utenti siano chi affermano di essere, l'autenticazione continua valida l'utente non solo una volta ma ininterrottamente durante l'intera sessione. Il comportamento anomalo innesca la ri-autenticazione, spesso utilizzando la MFA. Di conseguenza l'autenticazione continua non è un'alternativa alla MFA ma piuttosto un'estensione di essa.

7.12.4 Controllo dell'accesso alla rete (NAC: Network Access Control)

Il controllo dell'accesso alla rete (NAC) è uno strumento che si allinea ai principi di zero-trust. Ti consente di limitare l'accesso alla rete in base alle caratteristiche di un sistema oltre alla sua posizione e localizzazione. Il suo scopo è evitare la presenza in rete sia di sistemi non autorizzati che di sistemi inadeguatamente protetti.

Esempi di caratteristiche che il NAC può verificare includono:

- La presenza di un'immagine di installazione aziendale;
- La presenza di protezione malware aggiornata;
- Il livello di patch del sistema operativo;
- Un certificato sul dispositivo;
- L'indirizzo MAC;
- La presenza di credenziali utente esterne.

Il NAC consentirà una connessione alla rete se tutte le sue verifiche soddisfano i requisiti definiti. Per alcuni requisiti non soddisfatti potrebbe consentire una connessione a Internet per consentire al sistema di aggiornare il suo livello di patch e la sua protezione malware. In alcune installazioni le configurazioni NAC vengono utilizzate per distinguere tra la rete interna e la rete ospite.

7.13 Igiene informatica di base

L'Articolo 21(2g) della NIS2 richiede di avere pratiche di igiene informatica di base in atto. Il Considerando 89 collega l'igiene informatica di base ai principi di zero-trust, agli aggiornamenti software, alla configurazione dei dispositivi, alla segmentazione della rete, alla gestione delle identità e degli accessi e alla consapevolezza degli utenti.

7.13.1 Principi di zero-trust

I principi fondamentali di zero-trust possono essere descritti come segue:

- **Presumi che la rete sia sempre insicura:** Anche quando lavori all'interno della tua rete aspettati che ci siano alcuni elementi che non sono sufficientemente sicuri e sono potenzialmente ostili. La segmentazione della rete è un approccio adeguato per gestire questo principio.
- **Riconosci che potresti non sapere se vi siano minacce esterne o interne attive sulla tua rete:** Opera presumendo che vi sia una violazione. Utilizza il monitoraggio e la gestione degli incidenti per affrontare questo principio.
- **La posizione e la localizzazione sono fattori insufficienti per determinare la fiducia:** Le posizioni possono essere falsificate. Di conseguenza le regole basate sugli indirizzi IP non sono più affidabili. I meccanismi di controllo degli accessi alla rete (NAC) affrontano questo principio.
- **La verifica delle identità deve essere forte e gestita just-in-time:** L'autenticazione forte si basa sull'uso di più fattori piuttosto che solo su una password. Tecnologie come l'accesso privilegiato, l'autenticazione a più fattori e l'autenticazione continua sono buone soluzioni per affrontare questo principio.
- **Monitora l'intero ambiente e rispondi in modo dinamico:** Raccogli dati da tutto il tuo ambiente, comprese le tue reti, i sistemi informativi, i dispositivi utente e gli ambienti cloud e analizzali per rilevare attacchi e compromissioni il prima possibile. Le tecnologie che supportano questo principio sono i sistemi di rilevamento e risposta (EDR - Endpoint Detection and Response, NDR - Network Detection & Response, XDR - Extended Detection and Response), i sistemi di Gestione delle informazioni e degli eventi di sicurezza (SIEM - Security Information and Event Management) e i sistemi di Orchestrazione della sicurezza e risposta automatizzata (SOAR - Security Orchestration and Automated Response).

L'applicazione dei principi di zero-trust porta alla distribuzione e configurazione di più strumenti di sicurezza.

7.13.2 Aggiornamenti software

Nel contesto dell'igiene informatica di base, gli aggiornamenti software riguardano la gestione delle patch e il controllo degli aggiornamenti.

Le restrizioni sugli aggiornamenti software e la gestione delle patch sono idealmente applicate automaticamente tramite restrizioni di accesso (ad esempio, la restrizione dei diritti di amministratore sui dispositivi utente al personale di supporto IT) e patching e aggiornamenti automatici.

Statistiche sulla gestione delle patch

- Il ciclo medio delle patch è di 106 giorni.
- 95% degli attacchi è su una vulnerabilità conosciuta a cui non è stata applicate la patch disponibile.
- 68% degli attacchi avevano una patch disponibile da più di un anno.

Fonte delle statistiche del 2024: https://abdalslam.com/patch-management-statistics#patch-management-statistics

Indipendentemente da qualsiasi automazione nel patching e negli aggiornamenti, tutti gli aggiornamenti e le patch dovrebbero essere testati prima del rilascio e la loro distribuzione nell'ambiente di produzione dovrebbe seguire le normali procedure di gestione dei cambiamenti. Dove tale distribuzione controllata non è possibile (ad esempio in una soluzione Software-as-a-Service in cui il fornitore aggiorna automaticamente la soluzione), dovrebbero essere concordati chiari protocolli di aggiornamento con il fornitore.

7.13.3 Configurazione dei dispositivi

I dispositivi dovrebbero essere configurati con una protezione ottimale contro gli attacchi informatici. Idealmente dovresti utilizzare configurazioni standard per i tuoi dispositivi per garantire coerenza in tutto il tuo ambiente IT.

Una configurazione sicura delle tue reti e dei sistemi informativi include il rafforzamento del sistema. Con il rafforzamento del sistema, disinstalli o disabiliti i servizi non necessari, chiudi le porte aperte e limiti l'accesso ai contenuti sensibili e alle opzioni di configurazione del sistema. Inoltre, per proteggere le informazioni sensibili dall'essere intercettate o illegalmente accessibili, i dispositivi che elaborano dati sensibili dovrebbero essere configurati per crittografare i dati a riposo e in transito.

I dispositivi che sono critici per l'organizzazione o elaborano dati sensibili dovrebbero essere configurati per registrare le attività. Questo può aiutare a rilevare comportamenti sospetti e fornire informazioni preziose per la risposta agli incidenti e l'analisi forense.

7.13.4 Formazione sulla sicurezza informatica

"Gli Stati membri provvedono affinché i membri dell'organo di gestione dei soggetti essenziali e importanti siano tenuti a seguire una formazione e incoraggiano i soggetti essenziali e importanti a offrire periodicamente una formazione analoga ai loro dipendenti, per far sì che questi acquisiscano conoscenze e competenze sufficienti al fine di individuare i rischi e valutare le pratiche di gestione dei rischi di cybersicurezza e il loro impatto sui servizi offerti dal soggetto."

- NIS2, Articolo 20(2)

La direzione deve essere formata sulla cybersicurezza. Lo scopo di questa formazione è che acquisiscano conoscenze e competenze sufficienti per prendere decisioni informate sui rischi nel dominio della sicurezza informatica.

L'Articolo 20(2) afferma anche che le organizzazioni dovrebbero offrire formazione sulla sicurezza informatica a tutti i dipendenti a un livello rilevante per il loro ruolo nell'organizzazione. Questo requisito è indirettamente ripetuto nell'Articolo 21(2g) come parte delle pratiche di igiene informatica di base. Queste pratiche includono la consapevolezza delle minacce informatiche, il phishing e le tecniche di ingegneria sociale (Considerando 89). Il modo migliore per garantire tale comprensione è attraverso un insieme chiaro di regole sull'igiene informatica di base (ad esempio descritte in una Politica di uso accettabile) e un programma di consapevolezza completo con vari componenti, inclusi formazione ed esercitazioni di phishing.

Formazione della direzione

Per conformarsi all'intento della NIS2 la formazione della direzione dovrebbe affrontare almeno i seguenti punti:

- Requisiti di base della NIS2;
- Processi di gestione del rischio e valutazione del rischio;
- Comprensione generale delle misure descritte nell'articolo 21;
- Il potenziale impatto delle minacce informatiche.

Formazione sulla consapevolezza degli utenti

Una formazione efficace sulla consapevolezza per i dipendenti soddisfa i seguenti criteri:

- Può essere facilmente compresa dal pubblico di destinazione;
- Affronta il comportamento che desideri che il pubblico mostri;
- Aumenta la comprensione dei rischi per la sicurezza delle informazioni;
- Aumenta il numero di segnalazioni da parte dei dipendenti;
- Riduce il numero di incidenti.

7.13.5 Segmentazione della rete

I dispositivi dovrebbero essere configurati per comunicare solo con determinate parti della rete, limitando la potenziale diffusione di malware o l'accesso alla rete di una minaccia. La segmentazione della rete è una parte fondamentale dei principi di zero-trust.

In linea con questi principi, la tua rete dovrebbe essere segmentata a livello funzionale (ad esempio, un segmento per le stampanti, un segmento per le workstation, un segmento per le comunicazioni vocali, un segmento per la sorveglianza, un segmento per l'Internet delle cose, un segmento per i server e segmenti per ciascun server critico), o a un livello inferiore (ad esempio, un segmento per ciascuna applicazione, un segmento per ciascun gruppo funzionale di utenti nella tua organizzazione, un segmento per ciascuna risorsa critica).

7.13.6 Rilevazione e risposta

Gestione delle informazioni e degli eventi di sicurezza (SIEM: Security Information and Event Management)

I sistemi SIEM raccolgono log da dispositivi come firewall, sistemi di rilevamento delle intrusioni, sistemi di scansione delle vulnerabilità e applicazioni e dispositivi critici. I log vengono utilizzati per rilevare anomalie basate su indicatori di rischio definiti.

Qualsiasi attività sospetta rilevata dal SIEM deve essere segnalata a un sistema o operatore che verificherà il rilevamento e garantirà che venga risposto adeguatamente.

Rilevazione e risposta

Monitorare e rispondere agli eventi in modo tempestivo e accurato affronta uno dei principi di zero-trust. Ci sono varie tecnologie che contribuiscono a questo.

- **Rilevamento e risposta degli endpoint (EDR: Endpoint Detection and Response)** monitora continuamente i dispositivi degli utenti finali per rilevare e rispondere alle minacce informatiche come ransomware e malware;
- **Rilevamento e risposta della rete (NDR: Network Detection & Response)** monitora e analizza il traffico di rete per il rilevamento e la risposta alle minacce informatiche. Include il monitoraggio del traffico, il rilevamento delle anomalie, l'integrazione dell'intelligence sulle minacce, l'indagine sugli incidenti, la risposta e la mitigazione e l'analisi forense.
- **Orchestrazione della sicurezza e risposta automatizzata (SOAR: Security Orchestration and Automated Response)** lavora con EDR e NDR per ottimizzare le risposte automatizzate. SOAR esegue queste operazioni:
  - Gli incidenti rilevati da EDR o NDR vengono elaborati da flussi di lavoro automatizzati che avviano azioni attraverso vari strumenti e processi di sicurezza;
  - Le informazioni da EDR, NDR e altre soluzioni di rilevamento vengono consolidate per fornire una visione completa della sicurezza e consentire un'analisi correlata;
  - Le risposte predefinite a incidenti specifici consentono una risposta rapida, minimizzando l'impatto;
  - Condividendo informazioni con fonti esterne, feed di intelligence sulle minacce e dati storici, consente un rilevamento precoce e una prevenzione ottimale.

La capacità di SOAR di integrare vari strumenti di sicurezza nell'organizzazione e dati da fonti esterne aumenta significativamente la tua capacità di rispondere rapidamente e accuratamente agli incidenti senza la necessità di grandi team di sicurezza.

7.14 Comunicazioni sicure

7.14.1 Comunicazioni vocali, video e testuali sicure

L'Articolo 21(2j) richiede alle organizzazioni di utilizzare comunicazioni vocali, video e testuali sicure ove appropriato. Esempi presenti nella maggior parte delle organizzazioni sono le comunicazioni telefoniche, le riunioni video, le email e i servizi di chat.

Le misure di riservatezza nelle comunicazioni si concentrano sulla possibilità che persone non autorizzate possano ascoltare. L'uso della crittografia delle informazioni in transito è un modo pratico per affrontare questa preoccupazione. Ai punti terminali della comunicazione, tuttavia, la crittografia non è l'unica soluzione. Poiché i messaggi vengono inseriti (ad esempio tramite telecamere, tastiere e microfoni) e ricevuti (ad esempio tramite schermi, altoparlanti e cuffie) devono essere comprensibili per il destinatario e il mittente. La crittografia non è quindi un'opzione e, in molti casi, devono essere adottate misure fisiche. Sale riunioni insonorizzate, schermi per la privacy e aree controllate per l'accesso sono misure adeguate per affrontare le preoccupazioni nella fase di input e output.

Le preoccupazioni sull'integrità delle comunicazioni possono essere affrontate attraverso la crittografia del traffico. L'alterazione della trasmissione può essere causata da interferenze. I cavi schermati sono una misura utile per limitare questo rischio. Le restrizioni sull'accesso fisico ai cavi e ai punti terminali riducono il rischio di alterazione dolosa.

La NIS2 identifica anche l'autenticità come uno dei fattori che devono essere affrontati dai Soggetti Essenziali e Importanti per proteggere le reti e i sistemi informativi (Articolo 6(2), (5), (6)). Le infiltrazioni nei canali di comunicazione possono portare alla ricezione di messaggi falsi che sembrano essere completamente genuini.

7.14.2 Sistemi di comunicazione di emergenza sicuri all'interno dell'organizzazione

L'Articolo 21(2j) richiede che l'organizzazione abbia sistemi di comunicazione di emergenza sicuri all'interno del soggetto ove appropriato. Il termine "sicuro" in questo contesto ha sia un aspetto di disponibilità che di riservatezza. Il termine "appropriato" è lasciato alla tua interpretazione.

Dal punto di vista della disponibilità, "sicuro" si riferisce a garantire la disponibilità dei sistemi di comunicazione di emergenza durante una crisi. La mancanza di sistemi di comunicazione sicuri può peggiorare l'interruzione, ostacolando una comunicazione tempestiva e affidabile.

Dal punto di vista della riservatezza, ci sono preoccupazioni di intercettazione. La comunicazione di emergenza spesso coinvolge informazioni sensibili su individui, luoghi e strategie di risposta.

La sicurezza dei sistemi di emergenza può essere ottimizzata utilizzando sistemi e canali di comunicazione che sono completamente indipendenti da altre reti, sistemi e canali di comunicazione. Un buon esempio è l'uso di radio bidirezionali che comunicano su una frequenza radio dedicata.

7.15 Efficacia dei controlli

7.15.1 Politica

L'Articolo 21(2f) afferma che le misure dovrebbero includere almeno "strategie e procedure per valutare l'efficacia delle misure di gestione dei rischi di cybersicurezza;".

Ci sono due elementi che dovrebbero essere affrontati nella Politica:

- Quali elementi determinano l'efficacia di un controllo;
- Come determinare che un controllo è efficace.

Determinare l'efficacia dei controlli viene fatto attraverso metriche. La Politica dovrebbe descrivere quali caratteristiche definiscono una metrica adeguata.

7.15.2 Procedura

Sei tenuto a impostare controlli appropriati e proporzionati per gestire i rischi posti alla sicurezza dei sistemi informativi e di rete (Articolo 21(1)). Questo articolo afferma che i controlli che implementi devono gestire i rischi. Per accertare se questo è il caso, i controlli devono essere misurati per garantire che siano efficaci e gestiscano i rischi come richiesto da questo articolo.

L'articolo 21(2f) richiede di avere procedure formali in atto che garantiscano che i controlli siano efficaci. Le procedure dovrebbero affrontare:

- Come monitorerai ciascuno dei controlli;
- L'identificazione delle verifiche di efficacia per ciascuno dei controlli;
- Come gestirai i risultati derivanti dal monitoraggio.

CNIS2

Valutazione del GAP

Allegato A Valutazione del GAP

La valutazione GAP descritta nelle sezioni seguenti è progettata per fornire un'idea della tua conformità alla NIS2. La figura A.1 illustra le diverse parti delle tabelle di valutazione. La valutazione è suddivisa in 14 sezioni, numerate da A.1 ad A.14. Ogni sezione tratta un'area specifica coperta dalla NIS2.

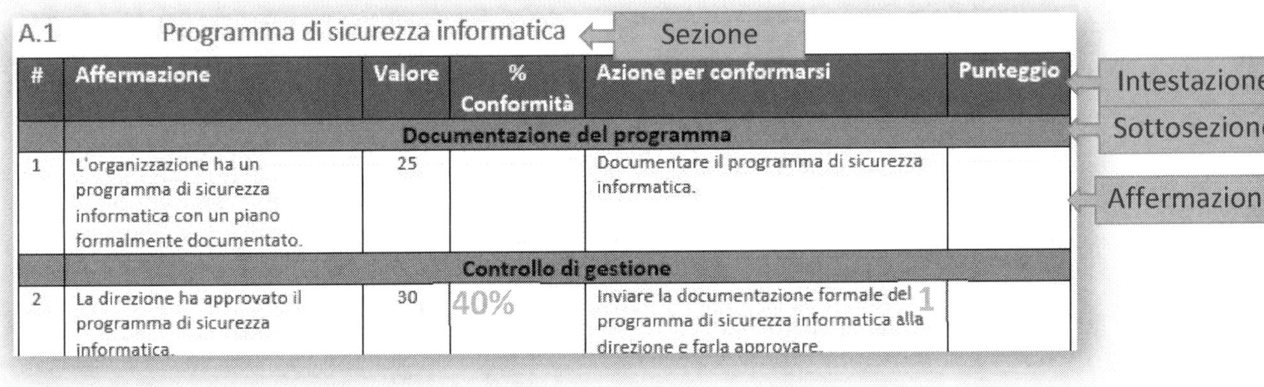

Figura A.1 – Spiegazione della valutazione GAP

Ogni sezione può includere una o più sottosezioni, che descrivono argomenti specifici all'interno di quell'area. Ogni sottosezione include una o più affermazioni.

Ogni affermazione è numerata in modo univoco per sezione. Sommando i valori di tutte le affermazioni di una sezione il totale sarà sempre pari a 100. Le affermazioni includono anche un'azione da eseguire in caso di non conformità. Questa azione offre indicazioni su cosa fare per raggiungere la piena conformità con l'affermazione.

Ci sono due valori che devi inserire durante la valutazione di un'affermazione. In base alla tua analisi inserisci una "% Conformità" per l'affermazione. Il valore nella colonna "% Conformità" varia da 0% a 100%. Moltiplica la tua "% Conformità" per il "Valore" indicato per ottenere un punteggio per quell'affermazione. Ad esempio, ipotizziamo che l'affermazione 1.1 nella figura A.1 ha ricevuto una "% Conformità" del 40%. Il "Valore" di questa affermazione è 25. Moltiplicando i due valori (cioè 40% x 25) si ottiene un "Punteggio" di 10, da inserire nella colonna apposita. Ricorda che la "% Conformità" è una percentuale e quindi rappresenta un valore nominale da 0 a 1 (nell'esempio 0,4). Non ci sono specifiche sul numero di decimali da usare, purché si mantenga coerenza in tutta la valutazione.

Una volta completata una sezione puoi sommare i punteggi ottenuti. Il punteggio totale di ciascuna sezione viene inserito nella tabella dei Risultati della Valutazione GAP, sotto il numero della sezione. Riporta il punteggio totale di quella sezione sull'asse corrispondente nel grafico a ragnatela tramite un punto ben visibile in corrispondenza del valore corretto.

Quando tutte le sezioni sono state valutate in questo modo, il tuo grafico a ragnatela dovrebbe avere 14 punti, uno su ciascun asse che rappresenta una sezione. Collega con una linea i punti adiacenti fino a unire tutti i punti con quelli vicini. Avrai così un riepilogo dello stato della conformità della tua organizzazione nella forma di un grafico a ragnatela.

La valutazione ti consente anche di calcolare un punteggio complessivo. Questo punteggio va inserito nello spazio del punto interrogativo nel cerchio visibile a destra. Il punteggio complessivo si calcola sommando i valori di tutte le sezioni, dividendoli per 14 (cioè il numero di sezioni) e moltiplicandoli per 10. In altre parole, dividi il punteggio complessivo per 1,4. Arrotonda il risultato al numero intero più vicino per ottenere un punteggio da 0 a 1000. Questo punteggio può essere utilizzato per confrontare rapidamente i tuoi risultati con quelli di altri, senza rivelare specifiche debolezze o aree di non conformità.

Tabella della Valutazione GAP

Somma i punteggi di tutte le domande per ciascuna sezione da A.1 ad A.14 dell'Allegato A. Inserisci ciascun punteggio nel rispettivo spazio nella tabella sottostante.

Risultati Valutazione GAP													
A.1	A.2	A.3	A.4	A.5	A.6	A.7	A.8	A.9	A.10	A.11	A.12	A.13	A.14

- Segna i punteggi di ciascuna sezione sul diagramma a ragnatela sottostante con un punto ben visibile e collega i punti per ottenere una visione delle aree di forza e di debolezza.
- Somma tutti i punteggi delle sezioni da A.1 ad A.14 nella tabella sopra, poi dividi il risultato per 1,4. Arrotonda il risultato al numero intero più vicino e inseriscilo sopra la linea nel cerchio qui in alto a destra. Questo è il tuo punteggio complessivo.

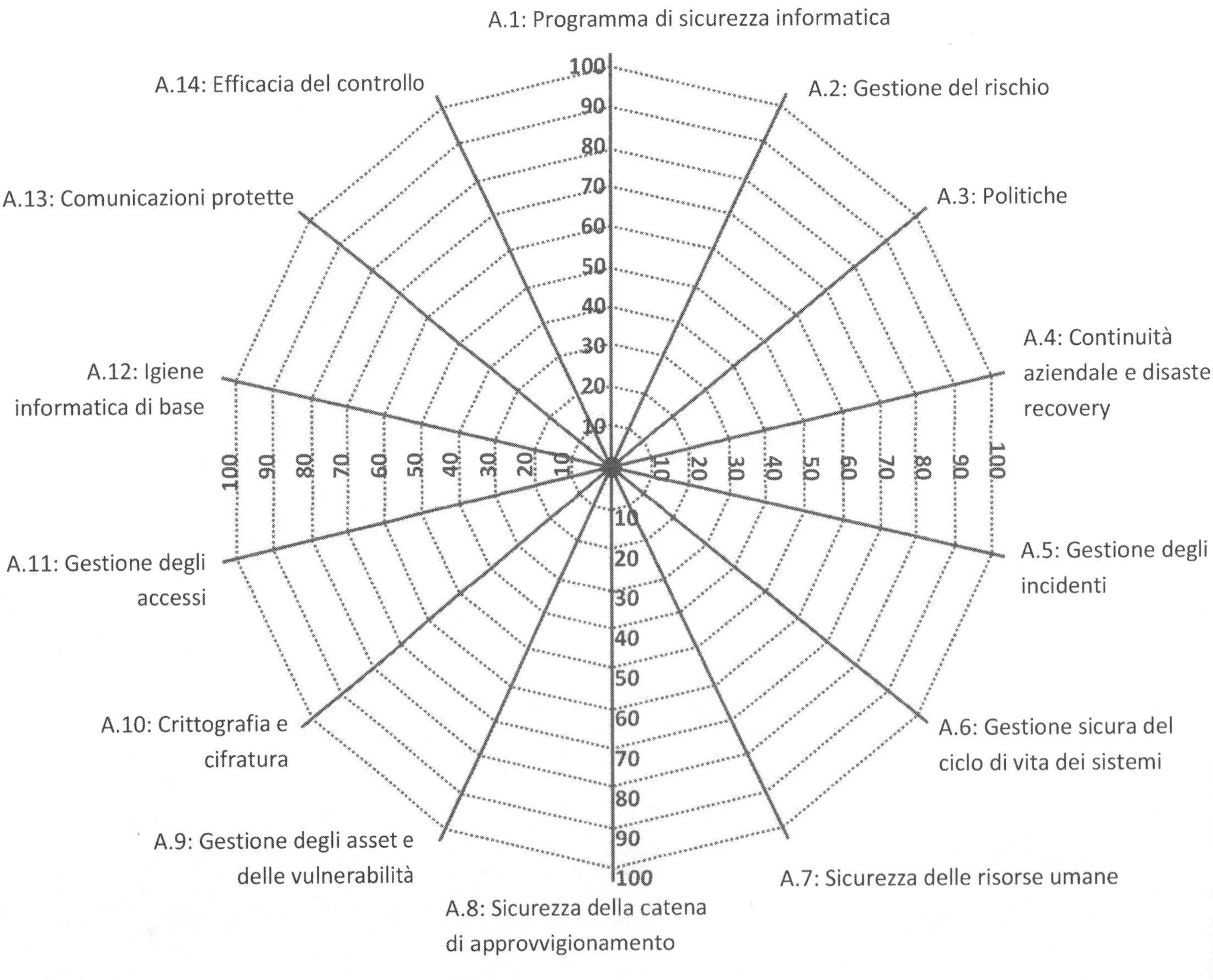

A.1 Programma di sicurezza informatica

#	Affermazione	Valore	% Conformità	Azione per conformarsi	Punteggio
	Documentazione del programma				
1	L'organizzazione ha un programma di sicurezza informatica con un piano formalmente documentato.	25		Documentare il programma di sicurezza informatica.	
	Controllo di gestione				
2	La direzione ha approvato il programma di sicurezza informatica.	30		Inviare la documentazione formale del programma di sicurezza informatica alla direzione e farla approvare.	
3	La direzione comprende la propria responsabilità nei confronti di NIS2.	10		Spiegare la responsabilità sia per l'organizzazione sia per il management dell'organizzazione.	
4	La direzione ha il controllo dei requisiti di implementazione NIS2.	35		Riferire regolarmente alla direzione sullo stato del programma di sicurezza informatica e documentare il feedback come parte delle azioni successive.	
	Valore totale della sezione	**100**		**Punteggio totale**	

A.2 Gestione del rischio

#	Affermazione	Valore	% Conformità	Azione per conformarsi	Punteggio
	Valutazione del rischio				
1	Sono stati identificati i rischi rilevanti per l'organizzazione nella sicurezza delle informazioni.	30		Analizzare il contesto dell'organizzazione per determinare le minacce e identificare come queste possano sfruttare le vulnerabilità dell'organizzazione.	
2	Sono stati valutati i rischi rilevanti per l'organizzazione nella sicurezza delle informazioni.	25		Eseguire una valutazione dei rischi in cui l'organizzazione identifica i propri rischi e determina la probabilità di un exploit per ciascuno dei rischi identificati. Determinare cosa significherebbe per l'organizzazione, la società e il funzionamento dell'economia se un rischio venisse sfruttato con successo. Quindi procedere assegnando le priorità alle risposte al rischio.	
3	I rischi identificati sono stati valutati e la risposta a essi è stata classificata in ordine di priorità.	15		Determinare un valore di rischio complessivo in base ai risultati dell'analisi dei rischi e dare priorità ai rischi per l'implementazione della risposta.	
	Trattamento del rischio				
4	I trattamenti dei rischi soddisfano i requisiti dell'organizzazione e sono in linea con i requisiti del capitolo IV della NIS2.	30		Creare piani di trattamento per i rischi non accettabili. Considerare i requisiti elencati nel capitolo IV della NIS2, e in particolare quelli elencati nell'articolo 21 per garantire che l'organizzazione sia conforme alla legge.	
	Valore totale della sezione	**100**		**Punteggio totale**	

A.3 Politiche

#	Affermazione	Valore	% Conformità	Azione per conformarsi	Punteggio
	Politica sulla sicurezza delle informazioni				
1	L'organizzazione ha una Politica formale di sicurezza delle informazioni approvata e comunicata dal top management.	35		Creare una Politica sulla sicurezza delle informazioni e fare in modo che il top management la approvi e si impegni a rispettarla.	
	Codice di condotta				
2	L'organizzazione ha un Codice di condotta formale o una Politica di utilizzo delle risorse informatiche che viene approvata e comunicata dal top management.	25		Creare un Codice di condotta o una Politica di utilizzo delle risorse informatiche e chiedere al top management di approvarlo e impegnarsi a rispettarlo.	
	Politica di gestione del rischio				
3	L'organizzazione ha una Politica formale di gestione del rischio che viene approvata e comunicata dal top management.	15		Creare una Politica di gestione del rischio e fare in modo che il top management la approvi e si impegni a rispettarla.	
	Politica dei sistemi informativi				
4	L'organizzazione ha una Politica formale dei sistemi informativi che viene approvata e comunicata dal top management.	25		Creare una Politica dei sistemi informativi e fare in modo che l'alta direzione la approvi e si impegni a rispettarla.	
	Valore totale della sezione	**100**		**Punteggio totale**	

A.4 Continuità Aziendale e Disaster Recovery

#	Affermazione	Valore	% Conformità	Azione per conformarsi	Punteggio
	Piano di continuità aziendale				
1	L'organizzazione dispone di un Piano di continuità aziendale documentato che è stato esaminato e ritenuto idoneo dai responsabili dei processi critici.	20		Creare un Piano di continuità aziendale che contenga risposte alle interruzioni dei processi aziendali critici dell'organizzazione.	
2	L'organizzazione ha eseguito un'analisi di impatto aziendale che ha identificato tutti i processi critici per l'organizzazione o per il funzionamento dell'economia e della società. Ha definito i momenti critici in cui ha necessità di determinati risultati finali da tali processi, indipendentemente da qualsiasi interruzione, e la perdita di dati che è disposta ad accettare in caso di crisi.	15		Eseguire un'analisi dell'impatto aziendale in cui i processi critici e gli obiettivi di erogazione dei servizi vengano identificati nel tempo per ciascuno dei processi.	
3	L'organizzazione dispone del personale necessario per soddisfare i propositi del Piano di continuità aziendale e ne ha verificato la disponibilità.	10		Determinare i requisiti di personale per soddisfare i diversi scenari del Piano di continuità aziendale e garantire che tali requisiti possano essere soddisfatti, sia dall'organizzazione interna che tramite terze parti.	
4	L'organizzazione dispone di un team formale di gestione delle crisi che è capace, addestrato e si è esercitato su vari scenari di crisi.	10		Comporre un team di gestione delle crisi che abbia l'autorità e la capacità di gestire efficacemente una crisi e addestrarlo su diversi scenari di crisi.	
5	Il Piano di continuità aziendale viene testato e provato regolarmente da coloro che sono coinvolti nelle attività legate alla continuità durante una crisi.	15		Definire un programma di formazione per la continuità aziendale, affrontando vari scenari e tutti i processi critici. Garantire che coloro che sono coinvolti nelle attività legate alla continuità partecipino a test ed esercitazioni. Migliorare i piani di continuità aziendale in base ai risultati dei test.	
	Piano di disaster recovery				
6	Sono in atto, testati e provati piani di disaster recovery che descrivono il ripristino dell'organizzazione e dei suoi asset in una varietà di scenari identificati nel Piano di continuità aziendale.	15		Creare piani che descrivano il modo in cui l'organizzazione si ripristinerà dalle interruzioni in base agli scenari descritti nel Piano di continuità aziendale. Assicurarsi che il piano soddisfi gli obiettivi del tempo di ripristino e gli obiettivi del punto di ripristino identificati per ciascuno dei processi nell'analisi dell'impatto aziendale. Assicurarsi di testare i piani ed esercitarsi nella loro esecuzione pratica.	

#	Affermazione	Valore	% Conformità	Azione per conformarsi	Punteggio
	Gestione dei backup				
7	L'organizzazione dispone di una Politica formale di backup che viene approvata e comunicata dalla direzione pertinente che ha il compito di prendere decisioni sui backup e può imporre le regole impostate nella Politica a coloro che devono rispettarla.	4		Creare una Politica di backup e fare in modo che la direzione che ha il compito di prendere decisioni sui backup la approvi e vi si impegni. Assicurarsi che l'approvatore possa imporre le regole impostate nella Politica a coloro che devono rispettarla.	
8	I backup vengono eseguiti in base alla frequenza e al contenuto richiesti dall'organizzazione e in linea con i requisiti di ripristino identificati nel piano di disaster recovery.	11		Eseguire il backup di tutti i dati, le applicazioni, i sistemi e le configurazioni necessari per soddisfare i requisiti di ripristino identificati nell'analisi dell'impatto aziendale e nei piani di ripristino. Assicurarsi che la frequenza dei backup soddisfi gli obiettivi del punto di ripristino dell'organizzazione, riconoscendo che il ripristino spesso richiede backup completi e riusciti e che i backup a volte non riescono.	
	Valore totale della sezione	**100**		**Punteggio totale**	

A.5 Gestione degli incidenti

#	Affermazione	Valore	% Conformità	Azione per conformarsi	Punteggio
	Gestione degli incidenti				
1	L'organizzazione dispone di procedure di gestione degli incidenti che facilitano l'identificazione, l'analisi, il contenimento, l'eradicazione, il ripristino e il recupero degli incidenti.	20		Creare procedure per gestire l'identificazione, l'analisi, il contenimento e l'eliminazione degli incidenti, nonché il ripristino e il recupero della rete e dei sistemi informativi.	
2	L'organizzazione dispone di un processo di analisi post-incidente per imparare dagli incidenti e prevenirne il ripetersi.	15		Creare una procedura formale di analisi post-incidente che copra la revisione del modo in cui è stato gestito l'incidente e la revisione della causa principale dell'incidente per avviare un piano di correzione.	
3	L'organizzazione dispone di un protocollo e di capacità adeguate disponibili per la risposta forense agli incidenti.	6		Creare un protocollo in cui l'organizzazione determini la necessità di un'analisi forense di qualsiasi incidente e le misure adottate per garantire che le procedure forensi e gli eventuali accordi contrattuali siano attivati in modo tempestivo.	
4	I piani di risposta agli incidenti vengono testati regolarmente e i risultati vengono applicati per migliorare i piani.	6		Creare e implementare un programma di test per i piani di risposta agli incidenti.	

#	Affermazione	Valore	% Conformità	Azione per conformarsi	Punteggio
	Monitoraggio e rilevamento				
5	L'organizzazione dispone di sistemi o servizi che monitorano continuamente la propria rete e i sistemi informativi e la avvisano di eventuali attività o eventi insoliti.	13		Impostare il monitoraggio, internamente o tramite servizi specializzati di terze parti, per garantire che tutte le attività insolite relative ai processi critici dell'organizzazione vengano rilevate e risolte in modo tempestivo.	
	Strumenti di risposta				
6	L'organizzazione dispone di strumenti di rilevamento e risposta sulla rete e sugli endpoint che consentono il rilevamento precoce e risposte automatiche rapide.	15		Acquisire strumenti di rilevamento e risposta degli endpoint gestiti o self-service, e strumenti di rilevamento e risposta della rete per consentire il rilevamento precoce di attività dannose e risposte automatiche rapide.	
	Rapporti e notifiche				
7	Sono in atto procedure per garantire che l'organizzazione soddisfi i requisiti di segnalazione NIS2 ai CSIRT o alle autorità competenti per gli allarmi precoci, le notifiche, le relazioni sui progressi e le relazioni finali.	15		Documentare e attuare una procedura per presentare entro 24 ore al CSIRT o all'autorità competente segnalazioni di allerta in merito a incidenti che potrebbero avere un impatto significativo sul funzionamento dell'economia o della società o che hanno un potenziale impatto transfrontaliero.	
8	È stato preparato un protocollo per informare senza indugio i destinatari dei servizi dell'organizzazione di qualsiasi incidente significativo, potenziali misure e rimedi e la minaccia informatica che ha causato l'incidente.	10		Documentare e attuare un protocollo per informare tempestivamente i destinatari dei servizi dell'organizzazione di incidenti significativi che potrebbero influire negativamente sulla fornitura di tali servizi, di eventuali misure o rimedi che tali destinatari possono adottare e di qualsiasi informazione sulla minaccia informatica stessa.	
	Valore totale della sezione	**100**		**Punteggio totale**	

A.6 Gestione Sicura del ciclo di vita dei Sistemi

#	Affermazione	Valore	% Conformità	Azione per conformarsi	Punteggio
	Sicurezza e privacy fin dalla progettazione e per impostazione predefinita				
1	L'organizzazione ha applicato sia la sicurezza che la privacy fin dalla progettazione e per impostazione predefinita, in cui sia la sicurezza che la privacy sono integrate in modo ottimale nella progettazione dei sistemi che sviluppa e acquisisce e le configurazioni sono impostate su una protezione ottimale per impostazione predefinita.	24		Valutare i progetti dei sistemi acquisiti e sviluppati dall'organizzazione. Determinare se la progettazione della protezione dei sistemi acquisiti è adatta ai requisiti dell'organizzazione e determinare come migliorare lo sviluppo dei sistemi integrando determinate opzioni di protezione e privacy nella progettazione del sistema e nelle impostazioni predefinite della configurazione del sistema. Prendere in considerazione opzioni come la registrazione degli eventi, la crittografia di determinati dati, l'autenticazione a più fattori, la separazione dei diritti di amministratore e la protezione avanzata.	
	Controllo del design				
2	Negli ambienti di sviluppo, i dati sono protetti e l'uso dei dati di produzione è vietato.	25		Proteggere i dati, in particolare il codice sorgente e altre proprietà intellettuali, negli ambienti di sviluppo e impedire l'uso dei dati di produzione in questi ambienti.	
3	I sistemi europei di certificazione della cybersicurezza sono valutati e applicati, ove applicabile.	5		Esaminare il sito ENISA per determinare se esistono schemi di certificazione pertinenti che potrebbero essere applicati al sistema che l'organizzazione sta sviluppando e valutare i vantaggi della conformità ai requisiti specificati della certificazione. Quindi scegliere se procedere in base allo schema o meno.	
4	L'ambiente di sviluppo è controllato nella misura in cui dispone di adeguate misure di sicurezza, è indipendente dall'ambiente di produzione e le operazioni sono formalizzate.	17		Formalizzare le procedure di sviluppo e definire i controlli di sicurezza adatti agli scopi dell'ambiente. Se possibile, separare l'ambiente di sviluppo dall'ambiente di produzione.	
	Test dei sistemi				
5	I nuovi sistemi e le modifiche ai sistemi vengono testati in modo approfondito prima di essere implementati in produzione.	16		Eseguire test dei sistemi nuovi e modificati prima della loro distribuzione in produzione. A seconda della situazione, questi test possono includere test di sicurezza statici, test di sicurezza dinamici, test di resilienza e test di integrazione.	

#	Affermazione	Valore	% Conformità	Azione per conformarsi	Punteggio
	Manutenzione e dismissione dei sistemi				
6	Tutti gli asset vengono mantenuti durante tutto il loro ciclo di vita e vengono smaltiti in modo sicuro alla fine del ciclo di vita.	13		Creare e implementare processi per mantenere gli asset dell'organizzazione in buone condizioni e sicuri e, alla fine del ciclo di vita, smaltirli in modo tale che qualsiasi informazione memorizzata su di essi sia irrecuperabile.	
	Valore totale della sezione	100		Punteggio totale	

A.7 Sicurezza delle Risorse Umane

#	Affermazione	Valore	% Conformità	Azione per conformarsi	Punteggio
	Sicurezza delle risorse umane				
1	Tutti coloro che sono stati inseriti per supportare l'organizzazione nella fornitura dei suoi servizi o prodotti sono stati sottoposti a controlli appropriati e gli sono stati forniti un accesso adeguato e istruzioni su come utilizzare tale accesso in modo sicuro.	60		Implementare un processo di onboarding da applicare a chiunque entri a far parte dell'organizzazione come dipendente o appaltatore di terze parti. Assicurarsi che il processo affronti il controllo della persona in relazione alle responsabilità che avrà nell'organizzazione. Fornire l'accesso alla rete e ai sistemi informativi solo dopo che la persona ha confermato di aver compreso e aderito all'uso sicuro dell'accesso concesso.	
2	I cambiamenti nei ruoli e nelle responsabilità dei dipendenti sono gestiti per garantire che i rischi associati al cambiamento siano accettati e che tutti gli accessi derivanti dai ruoli e dalle responsabilità precedenti che non sono più necessari siano revocati.	15		Implementare procedure per verificare l'idoneità di una persona (ad esempio attraverso controlli dei precedenti) quando si cambiano ruoli e procedure in modo da aggiornare i diritti di accesso in base al nuovo ruolo e alle nuove responsabilità della persona.	
3	Gli account delle persone che lasciano l'organizzazione vengono gestiti per garantire che il loro accesso venga revocato e che le loro risorse contenenti informazioni sull'organizzazione vengano recuperate o eliminate.	25		Implementare procedure che garantiscano che l'accesso alle informazioni dell'organizzazione sia revocato a qualsiasi persona che abbia lasciato l'organizzazione.	
	Valore totale della sezione	100		Punteggio totale	

A.8 Sicurezza della Catena di approvvigionamento

#	Affermazione	Valore	% Conformità	Azione per conformarsi	Punteggio
	Gestione della catena di approvvigionamento				
1	I fornitori attuali e le loro catene di approvvigionamento vengono identificati, classificati e gestiti.	20		Creare un riepilogo di tutti i fornitori attualmente utilizzati dall'organizzazione e classificarli in base alla loro criticità. Assicurarsi che per ogni relazione con un fornitore sia presente un responsabile incaricato della gestione del contratto con il fornitore.	
2	I prodotti e i servizi vengono formalmente acquistati in base alle esigenze e ai requisiti dell'organizzazione, inclusi i requisiti di sicurezza.	20		Implementare un processo di approvvigionamento formale in cui vengano identificate le esigenze dell'organizzazione, inclusi eventuali requisiti di sicurezza per affrontare i rischi associati al prodotto, al servizio o al sistema acquistato.	
3	Tutti i contratti trattano problemi di sicurezza, diritti di audit, condizioni di recesso e risoluzione, obblighi di segnalazione e chiarimenti sulla responsabilità sia per il fornitore che per la catena di approvvigionamento sottostante.	30		Verificare che gli accordi abbiano condizioni di sicurezza, diritti di audit, condizioni di recesso e risoluzione, obblighi di segnalazione e chiarimenti sulla responsabilità. Garantire che gli obblighi concordati si estendano a tutta la catena di fornitura. Rinegoziare i contratti per i fornitori critici laddove gli accordi siano stati inadeguati.	
4	Tutti i rapporti con i fornitori sono attivamente mantenuti e valutati per garantire che i rischi che comportano siano controllati e che i termini dell'accordo siano rispettati.	30		Stabilire chiare responsabilità per i responsabili delle relazioni affinché rivedano il rapporto con le loro controparti dei fornitori almeno una volta all'anno oltre a rivedere i cambiamenti nei rischi e nel modo di affrontarli.	
	Valore totale della sezione	100		Punteggio totale	

A.9 Gestione degli asset e delle vulnerabilità

#	Affermazione	Valore	% Conformità	Azione per conformarsi	Punteggio
	Gestione degli asset				
1	L'organizzazione dispone di una panoramica completa e aggiornata di tutte le risorse che possono contenere informazioni, tra cui hardware, software, postazioni fisiche e soluzioni cloud.	28		Creare uno o più registri degli asset che registrino tutti gli asset informativi nell'organizzazione. Come minimo questi registri dovrebbero contenere informazioni su tutti i dispositivi e software sulla rete e sui sistemi informativi dell'organizzazione, sui dispositivi mobili, sui servizi e sulle soluzioni cloud, sulle postazioni fisiche e su tutti i dispositivi tecnici che sono connessi in modo indipendente a Internet o ad esso collegati tramite infrastrutture secondarie.	
2	La protezione delle risorse dell'organizzazione include un approccio a multirischio in cui sia gli aspetti digitali sia quelli fisici delle risorse sono protetti da violazioni di riservatezza, integrità, disponibilità e autenticità.	26		Impostare controlli per proteggere le risorse dell'organizzazione da tutti i tipi di rischi e pericoli identificati nella valutazione dei rischi dell'organizzazione. Includere controlli per affrontare i problemi di riservatezza, integrità, disponibilità e autenticità sia nello spazio fisico sia in quello digitale.	
	Gestione delle vulnerabilità				
3	Esiste un processo che gestisce l'identificazione di tutte le vulnerabilità comunicate da fonti pubbliche, nonché da fonti che informano direttamente l'organizzazione.	17		Implementare un processo per monitorare continuamente le fonti pubbliche per le informazioni sulle nuove vulnerabilità e creare meccanismi per gestire le comunicazioni di vulnerabilità dirette da parte di terzi.	
4	Tutte le risorse vengono scansionate alla ricerca di vulnerabilità e monitorate per potenziali compromissioni. Le vulnerabilità rilevate vengono analizzate rispetto alle potenziali minacce.	29		Implementare un team o un servizio di scansione e monitoraggio delle vulnerabilità. Impostare un processo per il team per valutare i rischi associati alle vulnerabilità.	
	Valore totale della sezione	**100**		**Punteggio totale**	

A.10 Crittografia e Cifratura

#	Affermazione	Valore	% Conformità	Azione per conformarsi	Punteggio
	Crittografia				
1	L'organizzazione dispone di una Politica di crittografia formale approvata e comunicata dalla direzione che ha il compito di prendere decisioni sulla crittografia e sulla cifratura e può imporre le regole impostate nella Politica a coloro che devono rispettarla.	5		Creare una Politica di crittografia e fare in modo che la direzione incaricata di prendere decisioni su quando utilizzare i metodi di crittografia e su come applicare la crittografia e abilitata a imporre le regole impostate nella Politica a coloro che devono rispettarla, la approvi e si impegni a rispettarla.	

#	Affermazione	Valore	% Conformità	Azione per conformarsi	Punteggio
2	L'organizzazione dispone di procedure che descrivono l'applicazione sicura della crittografia, incluso quando utilizzare la crittografia e cosa fare se si sospetta la compromissione delle chiavi crittografiche.	30		Implementare procedure per la corretta applicazione della crittografia, compresa la generazione e la protezione delle chiavi crittografiche, la scelta delle chiavi da utilizzare e la verifica della conformità legale dell'uso crittografico.	
	Cifratura				
3	L'organizzazione ha valutato dove applicare la cifratura nell'organizzazione e ha verificato che venga utilizzata in tutte le situazioni di inattività, in transito e in uso.	65		Determinare dove deve essere utilizzata la cifratura nell'organizzazione. Il suo utilizzo può essere determinato attraverso le classificazioni dei dati e l'accessibilità del traffico.	
	Valore totale della sezione	**100**		**Punteggio totale**	

A.11 Gestione degli Accessi

#	Affermazione	Valore	% Conformità	Azione per conformarsi	Punteggio
	Controllo degli accessi				
1	L'organizzazione dispone di una Politica formale di controllo degli accessi approvata e comunicata dalla direzione che ha il compito di prendere decisioni sulle condizioni in base alle quali l'accesso può essere concesso e su come controllare l'accesso concesso e può imporre le regole stabilite nella Politica a coloro che devono rispettarla.	5		Creare una Politica di controllo degli accessi e fare in modo che la direzione incaricata di prendere decisioni sulle condizioni in base alle quali è possibile concedere l'accesso e su come controllare l'accesso concesso e di imporre le regole impostate nella Politica a coloro che devono rispettarla, la approvi e si impegni a rispettarla.	
2	L'organizzazione ha implementato controlli di accesso sia fisici sia logici per proteggere le risorse di tutti i processi critici.	15		Implementare controlli di accesso fisici e logici su tutti gli asset e i contenitori fisici di asset essenziali per i processi critici.	
3	L'organizzazione monitora l'utilizzo degli accessi e rivede continuamente i diritti di accesso utilizzando un processo formale di controllo degli accessi.	25		Creare, documentare e implementare un processo che controlli i diritti di accesso tramite il monitoraggio dell'utilizzo degli accessi e le revisioni dei diritti di accesso.	
	Gestione degli accessi privilegiati				
4	L'organizzazione limita i diritti di accesso con privilegi agli account con privilegi dedicati, ad esempio gli account amministratore, e limita l'accesso a tali account solo a un gruppo selezionato di persone che richiedono i diritti per scopi autorizzati.	25		Creare account privilegiati, ad esempio account amministratore, per qualsiasi rete e sistema informativo critico. Rimuovere l'accesso amministrativo dagli account utente standard e limitare l'accesso agli account con privilegi a un gruppo selezionato di persone che richiedono i diritti per scopi autorizzati.	

#	Affermazione	Valore	% Conformità	Azione per conformarsi	Punteggio
	Autenticazione a più fattori e autenticazione continua				
5	L'organizzazione ha implementato e applicato l'autenticazione a più fattori per tutte le reti e i sistemi informativi quando si accede tramite infrastrutture pubbliche come Internet e l'organizzazione ha implementato e applicato l'autenticazione a più fattori o l'autenticazione continua per tutte le reti e i sistemi informativi critici per l'organizzazione, indipendentemente dal punto di accesso.	15		Implementare e applicare l'autenticazione a più fattori per tutte le connessioni ai sistemi informativi a cui si accede tramite infrastrutture pubbliche come Internet. Implementare e applicare l'autenticazione a più fattori, potenzialmente combinata con l'autenticazione continua, per tutti i sistemi informativi e di rete critici.	
	Gestione delle password				
6	L'organizzazione dispone di una Politica formale per le password approvata e comunicata dalla direzione che ha il compito di prendere decisioni sulla Politica delle password e che può imporre le regole impostate nella Politica a coloro che devono rispettarla.	5		Creare una Politica per le password e fare in modo che la direzione incaricata di prendere decisioni sulla Politica delle password e di imporre le regole impostate nella Politica a coloro che devono rispettarla, la approvi e si impegni a rispettarla.	
	Controllo dell'accesso alla rete				
7	L'organizzazione ha impostato restrizioni di accesso alla rete in modo che solo i dispositivi autorizzati possano connettersi.	10		Implementare un meccanismo di controllo dell'accesso alla rete che consenta solo ai dispositivi autorizzati di connettersi alla rete e ai sistemi informativi dell'organizzazione.	
	Valore totale della sezione	**100**		**Punteggio totale**	

A.12 Igiene informatica di base

#	Affermazione	Valore	% Conformità	Azione per conformarsi	Punteggio
	Principi zero-trust				
1	L'organizzazione ha configurato la rete e i sistemi informativi in modo da rispettare i principi zero-trust, tra cui la segmentazione, l'autenticazione avanzata, la risposta formale agli incidenti e il monitoraggio continuo.	19		Integrare i principi zero-trust di segmentazione della rete, autenticazione avanzata, risposta agli incidenti e monitoraggio continuo nei processi e nei sistemi critici dell'organizzazione.	
	Gestione degli aggiornamenti software e delle patch				
2	Gli aggiornamenti software e le patch sui sistemi informativi e di rete critici vengono installati solo dopo il test. La loro installazione è automatizzata o eseguita da un membro competente del reparto IT.	20		Implementare una procedura per l'aggiornamento del software e delle patch in cui vengono descritti aspetti come il test e l'autorizzazione all'installazione.	
	Gestione della configurazione dei dispositivi				
3	La rete e i sistemi informativi dell'organizzazione sono rafforzati e configurati per essere il più sicuri possibile senza impedire all'organizzazione di raggiungere i propri obiettivi.	16		Implementare procedure di protezione avanzata per sistemi, database e applicazioni.	
	Formazione sulla sicurezza informatica				
4	La direzione è formata sulla sicurezza informatica.	18		Formare il management sulla cybersecurity per supportare le loro responsabilità decisionali in merito ai rischi di cybersecurity.	
5	Tutti i dipendenti hanno ricevuto una formazione sulla consapevolezza della sicurezza informatica.	12		Formare i dipendenti a comprendere i rischi per la sicurezza informatica e come dovrebbero comportarsi per mantenere i rischi accettabili.	
	Segmentazione della rete				
6	La rete è stata suddivisa in segmenti funzionali che possono scambiare informazioni tra loro solo al livello richiesto per il funzionamento dell'organizzazione.	5		Definire i segmenti nella rete dell'organizzazione in base alle funzionalità aziendali, configurarli e limitare le comunicazioni tra i segmenti a quanto necessario per il funzionamento dell'organizzazione.	
	Gestione delle identità e degli accessi				
7	L'organizzazione ha impostato la gestione delle identità e degli accessi sulla base dei principi di necessità e privilegio minimo e della ri-autenticazione quando si passa da un sistema informativo all'altro.	10		Impostare meccanismi di controllo degli accessi basati sull'accesso necessario per eseguire le attività di cui un utente è responsabile e limitare il livello di accesso allo stretto necessario. Richiedere l'autenticazione per ogni sistema informativo separato.	
	Valore totale della sezione	**100**		**Punteggio totale**	

A.13 Comunicazioni protette

#	Affermazione	Valore	% Conformità	Azione per conformarsi	Punteggio
	Comunicazioni vocali, video e di testo sicure				
1	L'organizzazione ha protetto le sue comunicazioni vocali, video e di testo da violazioni della riservatezza, dell'integrità, della disponibilità e dell'autenticità.	75		Implementare la crittografia su tutti i canali di comunicazione instradati pubblicamente. Applicare misure di sicurezza fisica agli endpoint e all'infrastruttura per limitare le possibilità di attacchi man-in-the-middle e intercettazioni.	
	Sistemi di comunicazione di emergenza sicuri				
2	Sistemi di comunicazione di emergenza adeguatamente protetti sono disponibili e operativi per le squadre di risposta alle emergenze e di gestione e risposta alle interruzioni durante le crisi.	25		Acquisire e implementare un sistema di comunicazione di emergenza che possa essere utilizzato per la risposta alle emergenze, la gestione delle crisi e dai team di risposta alle interruzioni durante le crisi.	
	Valore totale della sezione	**100**		**Punteggio totale**	

A.14 Efficacia del controllo

#	Affermazione	Valore	% Conformità	Azione per conformarsi	Punteggio
	Efficacia del controllo				
1	L'organizzazione ha una Politica formale di efficacia del controllo che viene approvata e comunicata dalla direzione che ha il compito di prendere decisioni sulla determinazione dell'efficacia e può imporre le regole stabilite nella Politica a coloro che devono rispettarla.	25		Creare una Politica di efficacia del controllo e fare in modo che la direzione incaricata di prendere decisioni su come determinare l'efficacia e di imporre le regole stabilite nella Politica a coloro che devono rispettarla, la approvi e si impegni a rispettarla.	
2	L'organizzazione ha determinato modi per garantire che i suoi controlli siano efficaci e per monitorarne l'efficacia su base continua.	75		Documentare gli obiettivi per ciascuno dei controlli dell'organizzazione e definire, implementare e monitorare le metriche per ciascuno dei controlli per garantire che gli obiettivi siano raggiunti.	
	Valore totale della sezione	**100**		**Punteggio totale**	

CNIS2

Certified NIS2 Professional

Slidedeck v1.3

Versione italiana

EU-OCI

CNIS2 Professional

Certified by

Van Haren
CERTIFY

V3.2

Perché questo corso?

"[...] i membri dell'organo di gestione dei soggetti essenziali e importanti siano tenuti a seguire una formazione [...] per far sì che questi acquisiscano conoscenze e competenze sufficienti al fine di individuare i rischi e valutare le pratiche di gestione dei rischi di cybersicurezza e il loro impatto sui servizi offerti dal soggetto."

- NIS2, Articolo 20, paragrafo 2

 2

Dichiarazione di esclusione di responsabilità

- Le informazioni contenute in questa presentazione possono includere informazioni privilegiate e riservate;
- Questa presentazione è solo a scopo formativo. Non si dovrebbe agire, implementare cambiamenti o eseguire idee, suggerimenti o concetti in essa contenuti senza una dovuta considerazione e valutazione delle circostanze specifiche dell'organizzazione in cui si desidera applicarli;
- Le opinioni o i punti di vista presentati non riflettono necessariamente quelli dell'organizzazione del formatore, dell'istituto di formazione, dell'ente certificatore o di qualsiasi altro ente;
- Le informazioni presentate in questo corso sono riservate e/o proprietarie e sono destinate all'uso esclusivo dei partecipanti al corso. Qualsiasi divulgazione non autorizzata di queste informazioni è vietata.

 3

Struttura del corso, corrispondenza al libro e riferimenti per il management

Corrispondenza al libro
Per ogni capitolo di questo corso, viene menzionato il capitolo o la sezione corrispondente del libro.

Giorno 1: NIS2 Basics
- Contesto dei programmi UE
- Panoramica della NIS2
- Concetti di sicurezza
- Enti pubblici e istituti
- Obblighi
- Supervisione e applicazione
- Ruoli e responsabilità

Giorno 2: valutazione GAP
- Spiegazione del metodo
- Programma di cybersicurezza
- Formazione sulla cybersicurezza
- Gestione del rischio
- Politiche
- Pianificazione della resilienza
- Controlli organizzativi
- Controlli tecnici

Formazione per il Management
Le slide con questa icona possono essere utilizzate per un corso di 4-6 ore destinato al Management della tua organizzazione.

Libro: The NIS2 Navigator's Handbook - Bridging the Cybersecurity Gap (ISBN: 978 94 018 1227 6) 4

EU-OCI EU Organisational Compliance Institute

A proposito di EUOCI.EU

Un consorzio senza scopo di lucro composto da leader di pensiero del settore che condivide strumenti e migliori pratiche sull'applicazione delle direttive dell'UE.

Struttura dell'esame

Modulo	Requisito d'esame	Specifica d'esame	Peso %	Libro	Courseware
1	Contesto		10%		
1.1		Cybersicurezza nell'Unione		Cap. 2.1-2.4	Cap. 1.1
1.2		Strategie e programmi di cybersicurezza nella UE		Cap. 2.2	Cap. 1.2-1.5
1.3		Il quadro normativo dell'UE		Cap. 2.4.2	Cap. 1.6
2	Struttura della Direttiva		15%		
2.1		La Direttiva NIS		Cap. 2.2.3, 2.5	Cap. 2.1
2.2		Ambito della NIS2		Cap. 3.6-3.7	Cap. 2.2-2.3
2.3		Struttura della NIS2		Cap. 3.1, 3.3	Cap. 2.4
2.4		Enti e istituzioni pubbliche NIS2		Cap. 3.5	Cap. 4
3	Ruoli, responsabilità e obblighi delle entità		15%		
3.1		Ruoli e responsabilità		Cap. 3.10	Cap. 6
3.2		Obblighi delle entità		Cap. 3.8	Cap. 5.1-5.4
3.3		Supervisione e applicazione		Cap. 3.9	Cap. 5.5
4	Concetti di sicurezza		10%		
4.1		Concetti di sicurezza di base		Cap. 3.4	Cap. 3
5	Misure di gestione del rischio di sicurezza informatica		30%		
5.1		Programma di sicurezza informatica		Cap. 4.1	Cap. 7.1
5.2		Gestione del rischio		Cap. 4.3	Cap. 7.2
6	Implementazione		20%		
6.1		Misure di implementazione		Cap. 4.2, 4.4-4.8	Cap. 7.3-7.15
6.2		Report alla direzione		Cap. 3.8.2, 3.10.1, 3.10.2	

 6

Le basi della Direttiva NIS2

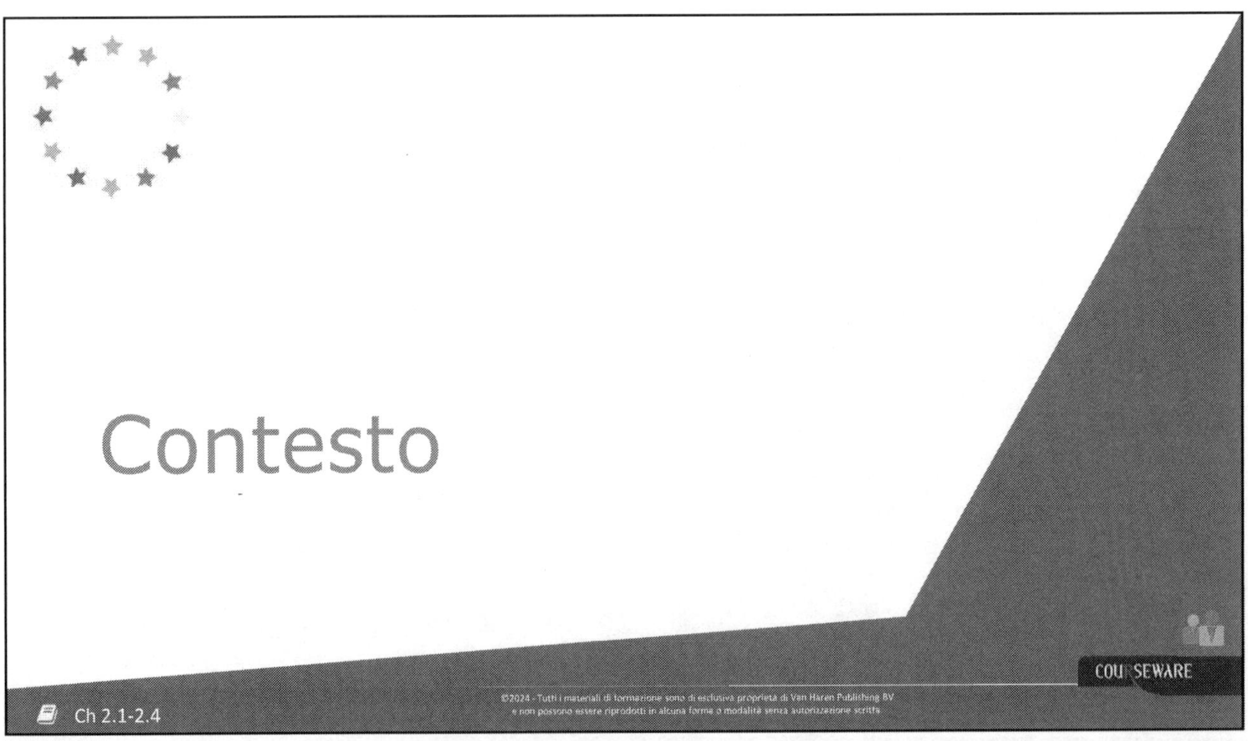
Contesto
Ch 2.1-2.4
©2024 - Tutti i materiali di formazione sono di esclusiva proprietà di Van Haren Publishing BV
e non possono essere riprodotti in alcuna forma o modalità senza autorizzazione scritta
COURSEWARE

Contesto

- **DORA**: Regolamento (UE) 2022/2554 del Parlamento Europeo e del Consiglio del 14 dicembre 2022 sulla **resilienza operativa digitale** per il settore finanziario e che modifica i regolamenti (CE) n. 1060/2009, (UE) n. 648/2012, (UE) n. 600/2014, (UE) n. 909/2014 e (UE) 2016/1011
- **Emendamenti basati su DORA**: Direttiva (UE) 2022/2556 del Parlamento Europeo e del Consiglio del 14 dicembre 2022 che modifica le direttive 2009/65/CE, 2009/138/CE, 2011/61/UE, 2013/36/UE, 2014/59/UE, 2014/65/UE, (UE) 2015/2366 e (UE) 2016/2341 per quanto riguarda la resilienza operativa digitale per il settore finanziario
- **NIS2**: Direttiva (UE) 2022/2555 del Parlamento Europeo e del Consiglio del 14 dicembre 2022 relativa a **misure per un livello comune elevato di cybersicurezza nell'Unione**, recante modifica del regolamento (UE) n. 910/2014 e della direttiva (UE) 2018/1972 e che abroga la direttiva (UE) 2016/1148 (direttiva NIS)
- **CER**: Direttiva (UE) 2022/2557 del Parlamento Europeo e del Consiglio del 14 dicembre 2022 sulla resilienza delle entità critiche e che abroga la direttiva 2008/114/CE del Consiglio

Le quattro pubblicazioni sono state deliberate insieme con un preciso scopo. Esse sono strettamente collegate tra loro.

Cybersicurezza nella UE

- La cybersicurezza è stata all'ordine del giorno dell'UE sin dall'inizio del secolo.
- La dipendenza da sistemi e soluzioni esterni all'UE deve essere ridotta.
- La cybersicurezza è fondamentale per le infrastrutture, servizi, ed economia della UE per garantire: Resilienza, Sicurezza e Affidabilità

Motivazioni per la cybersicurezza

- Le Infrastrutture Critiche devono essere protette;
- La competitività economica deve essere mantenuta;
- I dati personali e la privacy devono essere protetti;
- L'economia dell'UE deve essere difesa dalle minacce informatiche;
- I cittadini dell'UE dovrebbero essere messi in condizione di utilizzare e fidarsi dei servizi digitali.

 11

Strategia per la cybersicurezza dell'UE 2013

- Concentrarsi su un ambiente digitale sicuro e affidabile;
- La strategia ha delineato cinque priorità:
  - Rendere le reti e i sistemi informativi resilienti agli attacchi informatici;
  - Ridurre la criminalità informatica;
  - Definire un quadro politico per la difesa informatica europea;
  - Potenziare le tecnologie di cybersicurezza dell'UE;
  - Creare e mantenere collaborazioni internazionali nel cyberspazio.
- Il GDPR è uno dei molti successi della strategia.

 12

Strategia per la Sicurezza Informatica dell'UE 2020

- Strategia per la Sicurezza Informatica dell'UE per il Decennio Digitale;
- Sostituisce la strategia del 2013;
- Tre obiettivi principali:
  - Rafforzare la resilienza collettiva dell'UE contro le minacce informatiche;
  - Promuovere un cyberspazio globale e aperto;
  - Far progredire una diplomazia informatica coerente dell'UE.
- La NIS2 è un risultato diretto di questa strategia del 2020.

 13

Un'Europa pronta per l'era digitale (Europe Fit for the Digital Age)

- Programma lanciato a dicembre 2019;
- Un quadro strategico contenente politiche e obiettivi per:
  - Preparare l'UE per una trasformazione digitale;
  - Sfruttare il potenziale della tecnologia digitale per il beneficio dei cittadini dell'UE;
  - Abbracciare iniziative che rafforzano l'economia dell'UE.
- Prioritizza un'agenda digitale focalizzandosi su aree quali:
  - Competenze digitali;
  - Infrastrutture digitali;
  - Economia e società digitali;
  - Governance digitale.
- Il programma mira a mantenere l'UE globalmente competitiva e rilevante.

 14

Programma Europa Digitale (DIGITAL)

- Programma di finanziamento con un budget di 7,5 miliardi di euro.
- Contribuisce a un'Europa climaticamente neutra portando la tecnologia digitale a enti e cittadini.
- Supporta progetti in:
  - Supercalcolo;
  - Intelligenza artificiale;
  - Cybersecurity e fiducia;
  - Competenze digitali avanzate;
  - Centri di innovazione digitale.

 15

Quadro normativo

Nov. 2022
- **Regolamento sui mercati digitali (The Digital Markets Act)** - Garantire mercati digitali equi e aperti. È entrato in vigore il primo novembre 2022.

Nov. 2022
- **Regolamento sui servizi digitali (The Digital Services Act)** - Garantire un ambiente online sicuro e responsabile. È entrato in vigore il 16 novembre 2022.

Gen. 2023
- **La Direttiva sulle reti e sui sistemi informativi (Network and Information Systems Directive)** – Definisce misure per un livello comune elevato di cybersicurezza nell'Unione. La nuova versione (NIS2) è entrata in vigore il 16 gennaio 2023.

Gen. 2023
- **Direttiva sulla resilienza delle entità critiche (The Critical Entities Resilience Directive)** - Definisce la resilienza dei Soggetti Critici. È entrata in vigore il 16 gennaio 2023. (CER)

Gen. 2023
- **Regolamento sulla resilienza operativa digitale (Digital Operational Resilience Act)** – Regolamentare la resilienza operativa digitale per il settore finanziario. È entrata in vigore il 16 gennaio 2023. (DORA)

 16

Quadro normativo (continua)

Giu. 2023
- **Portafoglio europeo di identità digitale (The European Digital Identity Wallet)** - Dare agli utenti il pieno controllo sulla quantità di informazioni che condividono con terzi. È entrata in vigore il 29 giugno 2023.

Set. 2023
- **Regolamento sui semiconduttori (The European Chips Act)** - Rafforzare la competitività e la resilienza dell'Europa nelle tecnologie dei semiconduttori. È entrata in vigore il 21 settembre 2023.

Dic. 2023
- **Regolamento sull'intelligenza artificiale (The Artificial Intelligence Act)** - Per una migliore assistenza sanitaria, trasporti più sicuri e puliti, processi produttivi più efficienti ed energia più economica e sostenibile grazie all' AI. È entrata in vigore il primo agosto 2024.

Gen. 2024
- **Regolamento europeo sui dati (The European Data Act)** – Mira a potenziare l'economia dei dati dell'UE sbloccando i dati industriali, ottimizzando la loro accessibilità e utilizzo, e promuovendo un mercato europeo del cloud competitivo e affidabile. È entrata in vigore l'11 gennaio 2024.

Inizio 2024
- **Regolamento sulla resilienza informatica (Cyber Resilience Act - 2024)** – Proteggere i consumatori e le imprese da prodotti con caratteristiche di sicurezza inadeguate. È entrato in vigore il 19 aprile 2024. La sua versione emendata dovrebbe entrare in vigore nel 2024.

 17

Panoramica della NIS2

§ 2.5, 3.1 - 3.3, 3.6 - 3.7

COURSEWARE

Direttiva NIS

- Introdotta nel 2016 e adottata nel 2018;
- Rivolta agli operatori di servizi essenziali in settori chiave;
- Affronta le minacce ai sistemi di rete e informazione;
- Principali successi e risultati:
  - La creazione di quadri normativi nazionali e strategie sulla sicurezza dei sistemi di rete e informazione;
  - Miglioramento delle capacità nazionali di cybersicurezza;
  - Misure regolatorie che coprono infrastrutture ed enti essenziali;
  - Il Gruppo di Cooperazione e la Rete CSIRT.

 19

Carenze della Direttiva NIS

- Non preparava adeguatamente per affrontare l'evoluzione delle minacce informatiche;
- Ha sottovalutato l'impatto sull'intera catena di approvvigionamento;
- Ha facilitato grandi incoerenze e conflitti tra le interpretazioni dei requisiti da parte degli Stati membri;
- Ha consentito variazioni nella supervisione tra gli Stati membri.

 20

Miglioramenti della NIS2 rispetto alla NIS

Introduce nuovi requisiti per la sicurezza della catena di approvvigionamento.

Applica una supervisione più rigorosa e sanzioni più severe per la non conformità.

Sposta l'ambito dagli "Operatori di servizi essenziali" ai "Soggetti Essenziali e Importanti."

Espande significativamente l'ambito dei soggetti.

Introduce requisiti chiari per la segnalazione degli incidenti.

 21

Soggetti considerati - inclusioni

- Soggetti pubblici o privati di medie o grandi dimensioni di un tipo indicato nell'Allegato I o II;
- Indipendentemente dalla loro dimensione, i soggetti:
  - Di un tipo indicato nell'Allegato I o II classificati come:
    - Fornitori di reti di comunicazione elettronica pubblica o di servizi di comunicazione elettronica accessibili al pubblico;
    - Fornitori di servizi fiduciari;
    - Registri di nomi di dominio di primo livello e fornitori di servizi del sistema dei nomi di dominio.
  - Identificati come entità critiche ai sensi della Direttiva (UE) 2022/2557 (CER);
  - Che forniscono servizi di registrazione di nomi di dominio.
- Fornitori unici in uno Stato membro di un servizio essenziale per il mantenimento di attività critiche sociali o economiche;
- Fornitori di servizi la cui interruzione potrebbe:
  - Avere un impatto significativo sulla sicurezza pubblica, sulla sicurezza o sulla salute pubblica;
  - Indurre un rischio sistemico significativo, in particolare quando può portare a un impatto transfrontaliero.
- In conformità con la legge nazionale, soggetti della pubblica amministrazione:
  - del governo centrale;
  - a livello regionale.

 22

Soggetti considerati - esclusioni

- Soggetti della pubblica amministrazione che svolgono le loro attività nei settori della sicurezza nazionale, della sicurezza pubblica, della difesa o dell'applicazione della legge, compresa la prevenzione, l'indagine, la rilevazione e la persecuzione dei reati;
- Soggetti che gli Stati membri hanno esentato dall'ambito di applicazione di DORA sulla base delle esclusioni definite nella Direttiva per l'accesso all'attività delle istituzioni di credito.

 23

Soggetti considerati - opzionali

- Gli Stati membri possono prevedere che questa Direttiva si applichi a:
  - Soggetti della pubblica amministrazione a livello locale;
  - Istituzioni educative, in particolare quando svolgono attività di ricerca critiche;
  - Soggetti designati come critici a causa della loro importanza specifica a livello nazionale o regionale per un particolare settore, tipo di servizio o altri settori interdipendenti nello Stato membro.
- Gli Stati membri possono esentare specifici soggetti dall'obbligo di conformarsi ai requisiti di misure di rischio e ai requisiti di segnalazione se:
  - Svolgono attività nei settori della sicurezza nazionale, della sicurezza pubblica, della difesa o dell'applicazione della legge, compresa la prevenzione, l'indagine, la rilevazione e la persecuzione dei reati; oppure
  - Forniscono servizi esclusivamente alle entità della pubblica amministrazione che sono designate come critiche a causa della loro importanza specifica a livello nazionale o regionale per un particolare settore, tipo di servizio o altri settori interdipendenti nello Stato membro.

 24

Categorie di dimensione dell'impresa

- I dipendenti sono calcolati come personale a tempo pieno, inclusi i contrattisti di terze parti ed esclusi i tirocinanti.
- Le imprese partner e collegate sono considerate in proporzione ai loro diritti di voto.

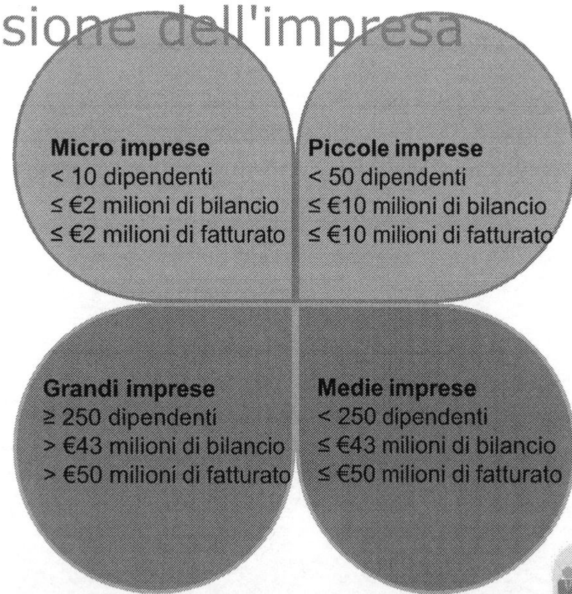

 25

Tipi di soggetti

- **Soggetti Critici:** Forniscono servizi che sono cruciali per la società, l'economia, la salute e la sicurezza pubblica, o per l'ambiente;
- **Soggetti Essenziali:** Forniscono servizi cruciali che si basano su tecnologie digitali per erogare tali servizi;
- **Soggetti Importanti:** Forniscono servizi in aree cruciali, non contrassegnate come essenziali, oppure forniscono servizi a soggetti essenziali;

- Gli Stati membri devono presentare un elenco di tutti i Soggetti Essenziali e Importanti entro il 17 aprile 2025 e aggiornarlo almeno con cadenza semestrale.

 26

Soggetti Critici

- Il termine Soggetti Critici è utilizzato solo in riferimento alle entità definite nel CER;
- I Soggetti Critici sono entità pubbliche o private che:
  - Forniscono uno o più servizi essenziali;
  - Operano, e la loro infrastruttura critica è situata nell'UE;
  - Possono causare effetti dirompenti significativi sul funzionamento dell'economia o della società in caso di un incidente che coinvolga i loro servizi critici.

 27

Soggetti Essenziali

- Soggetti di un tipo indicato nell'Allegato I che superano i limiti per le imprese di medie dimensioni;
- Indipendentemente dalla loro dimensione:
  - Fornitori di servizi fiduciari qualificati;
  - Registri di nomi di dominio di primo livello;
  - Fornitori di servizi DNS.
- Imprese di medie dimensioni definite dall'Allegato I come:
  - Fornitori di reti di comunicazione elettronica pubblica;
  - Fornitori di servizi di comunicazione elettronica accessibili al pubblico.
- Entità della pubblica amministrazione del governo centrale;
- Qualsiasi soggetto di un tipo indicato negli Allegati I o II che sia identificato da uno Stato membro come Soggetto Essenziale perché:
  - Il soggetto è l'unico fornitore in uno Stato membro di un servizio essenziale per il mantenimento di attività critiche sociali o economiche;
  - L'interruzione del servizio fornito dal soggetto potrebbe avere un impatto significativo sulla sicurezza pubblica, sulla incolumità o sulla salute pubblica;
  - L'interruzione del servizio fornito dal soggetto potrebbe indurre un rischio sistemico significativo, in particolare per i settori in cui tale interruzione potrebbe avere un impatto transfrontaliero;
  - Il soggetto è critico a causa della sua importanza specifica a livello nazionale o regionale per un particolare settore o tipo di servizio, o per altri settori interdipendenti nello Stato membro.
- Soggetti identificati come entità critiche ai sensi del CER;
- Se lo Stato membro lo prevede, soggetti identificati prima del 16 gennaio 2023 come operatori di servizi essenziali ai sensi della NIS.

 28

Soggetti Importanti

- I Soggetti Importanti sono:
  - Soggetti di un tipo indicato negli Allegati I e II che non sono Essenziali;
  - Qualsiasi soggetto di un tipo indicato negli Allegati I o II che è identificato da uno Stato membro come entità importante perché:
    - Il soggetto è l'unico fornitore in uno Stato membro di un servizio essenziale per il mantenimento di attività critiche sociali o economiche;
    - L'interruzione del servizio fornito dal soggetto potrebbe avere un impatto significativo sulla sicurezza pubblica, sulla incolumità o sulla salute pubblica;
    - L'interruzione del servizio fornito dal soggetto potrebbe indurre un rischio sistemico significativo, in particolare per i settori in cui tale interruzione potrebbe avere un impatto transfrontaliero;
    - Il soggetto è critico a causa della sua importanza specifica a livello nazionale o regionale per un particolare settore o tipo di servizio, o per altri settori interdipendenti nello Stato membro.

 29

Soggetti Essenziali vs Soggetti Importanti

- Le scelte di classificazione tra Soggetti Essenziali e Importanti si basano su:
  - La misura in cui il soggetto è critico nel settore in cui opera; oppure
  - La misura in cui il soggetto è critico nel tipo di servizio che fornisce; e
  - La dimensione del soggetto.
- La supervisione e l'applicazione delle norme sono diverse tra i Soggetti Essenziali e quelli Importanti.

 30

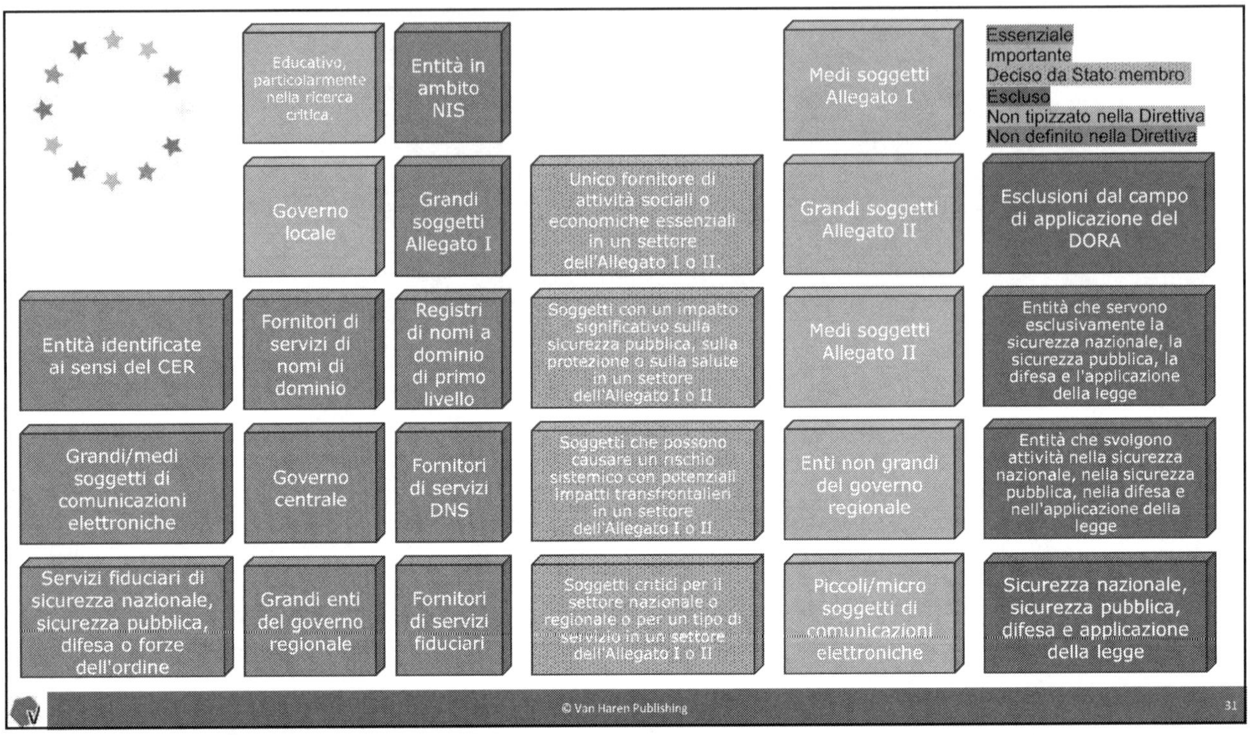
Educativo, particolarmente nella ricerca critica.
Entità in ambito NIS
Medi soggetti Allegato I
Essenziale
Importante
Deciso da Stato membro
Escluso
Non tipizzato nella Direttiva
Non definito nella Direttiva
Governo locale
Grandi soggetti Allegato I
Unico fornitore di attività sociali o economiche essenziali in un settore dell'Allegato I o II.
Grandi soggetti Allegato II
Esclusioni dal campo di applicazione del DORA
Entità identificate ai sensi del CER
Fornitori di servizi di nomi di dominio
Registri di nomi a dominio di primo livello
Soggetti con un impatto significativo sulla sicurezza pubblica, sulla protezione o sulla salute in un settore dell'Allegato I o II
Medi soggetti Allegato II
Entità che servono esclusivamente la sicurezza nazionale, la sicurezza pubblica, la difesa e l'applicazione della legge
Grandi/medi soggetti di comunicazioni elettroniche
Governo centrale
Fornitori di servizi DNS
Soggetti che possono causare un rischio sistemico con potenziali impatti transfrontalieri in un settore dell'Allegato I o II
Enti non grandi del governo regionale
Entità che svolgono attività nella sicurezza nazionale, nella sicurezza pubblica, nella difesa e nell'applicazione della legge
Servizi fiduciari di sicurezza nazionale, sicurezza pubblica, difesa o forze dell'ordine
Grandi enti del governo regionale
Fornitori di servizi fiduciari
Soggetti critici per il settore nazionale o regionale o per un tipo di servizio in un settore dell'Allegato I o II
Piccoli/micro soggetti di comunicazioni elettroniche
Sicurezza nazionale, sicurezza pubblica, difesa e applicazione della legge
© Van Haren Publishing
31

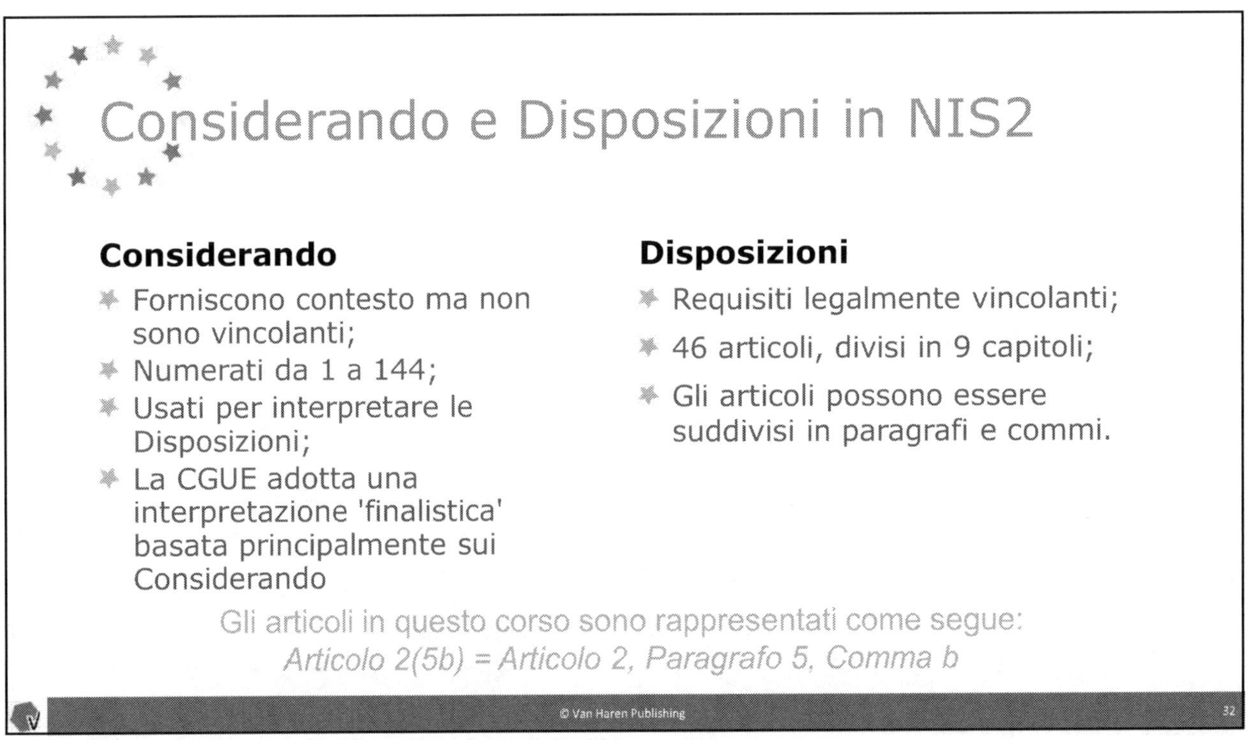
Considerando e Disposizioni in NIS2
Considerando
Forniscono contesto ma non sono vincolanti;
Numerati da 1 a 144;
Usati per interpretare le Disposizioni;
La CGUE adotta una interpretazione 'finalistica' basata principalmente sui Considerando
Disposizioni
Requisiti legalmente vincolanti;
46 articoli, divisi in 9 capitoli;
Gli articoli possono essere suddivisi in paragrafi e commi.
Gli articoli in questo corso sono rappresentati come segue:
Articolo 2(5b) = Articolo 2, Paragrafo 5, Comma b
© Van Haren Publishing
32

Mappa dell'adozione (a maggio 2024)

- Gli Stati membri devono recepire la Direttiva nel diritto nazionale.
- La legge nazionale dovrebbe entrare in vigore entro e non oltre il 18 ottobre 2024.
- Molti Stati membri non saranno pronti per quella data.
- I soggetti in uno Stato membro che non ha una legge non hanno ancora l'obbligo legale di conformarsi alla NIS2.

 33

Capitoli della NIS2

- **Capitolo I: Disposizioni generali**
  - Schema generale della NIS2
- **Capitolo II: Quadri coordinati in materia di cybersicurezza**
  - Requisiti nazionali per ciascuno Stato membro
- **Capitolo III: Cooperazione a livello dell'Unione e internazionale**
  - I requisiti a livello dell'Unione
- **Capitolo IV: Misure di gestione del rischio di cybersicurezza e obblighi di segnalazione**
  - I requisiti che ogni soggetto deve rispettare
- **Capitolo V: Giurisdizione e registrazione**
  - Chiarimenti giurisdizionali su dove i soggetti sono rappresentati in più Stati membri
- **Capitolo VI: Condivisione delle informazioni**
  - Le possibilità di condividere i risultati su base volontaria
- **Capitolo VII: Vigilanza ed esecuzione**
  - I diritti delle autorità e le conseguenze della violazione della NIS2
- **Capitolo VIII: Atti delegati e atti di esecuzione**
  - Specifiche legalmente vincolanti sulla legge
  - Attuazione della legge nel quadro legislativo di uno Stato membro
- **Capitolo IX: Disposizioni finali**
  - Manutenzione e attuazione della NIS2
- **Allegato I & II**
  - Settori, sotto settori e tipi di soggetti nel campo di applicazione della NIS2
- **Allegato III**
  - Tabella di correlazione con la NIS originale

 34

Concetti di sicurezza nella NIS2
§ 3.4
©2024 - Tutti i materiali di formazione sono di esclusiva proprietà di Van Haren Publishing BV e non possono essere riprodotti in alcuna forma o modalità senza autorizzazione scritta.
COURSEWARE

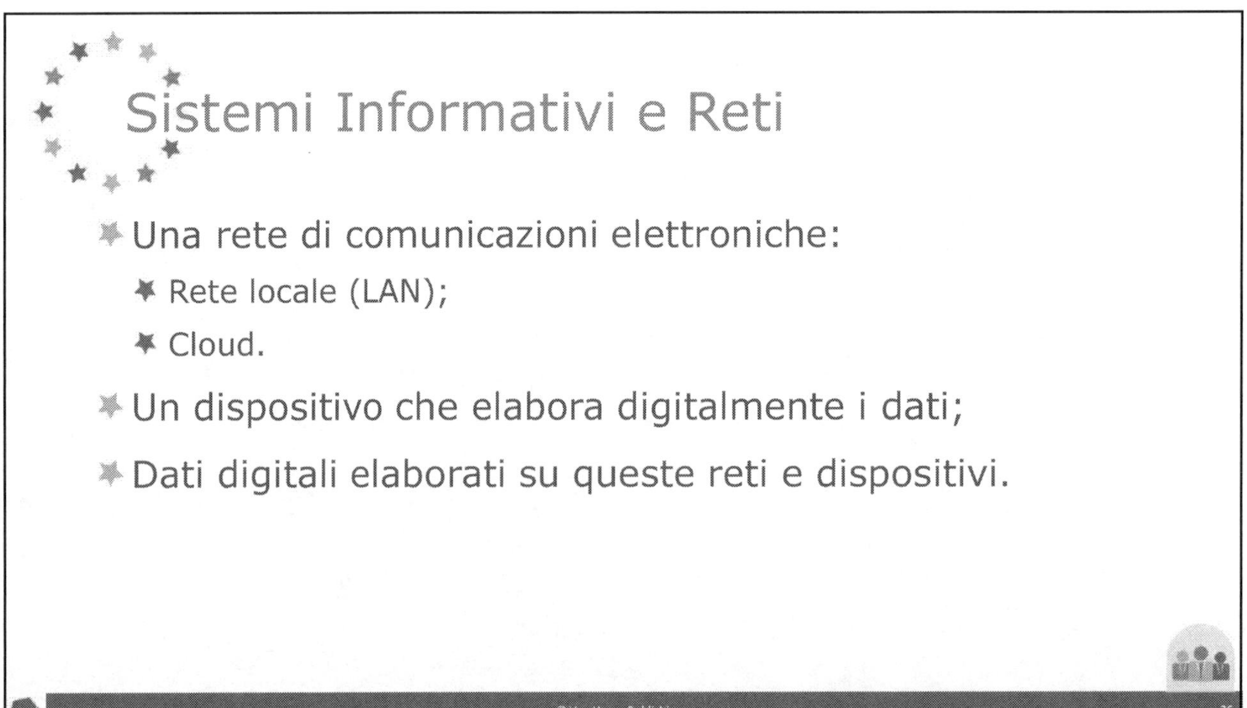
Sistemi Informativi e Reti
Una rete di comunicazioni elettroniche:
Rete locale (LAN);
Cloud.
Un dispositivo che elabora digitalmente i dati;
Dati digitali elaborati su queste reti e dispositivi.
© Van Haren Publishing
36

Proprietà della sicurezza delle informazioni

- Gli asset informativi sono spesso descritti utilizzando le proprietà della triade CIA;
- La sicurezza delle informazioni riconosce anche altre proprietà aggiuntive che spesso ricevono molta meno attenzione;
- La NIS2 richiede un'adeguata attenzione all'autenticità, oltre alla triade CIA.

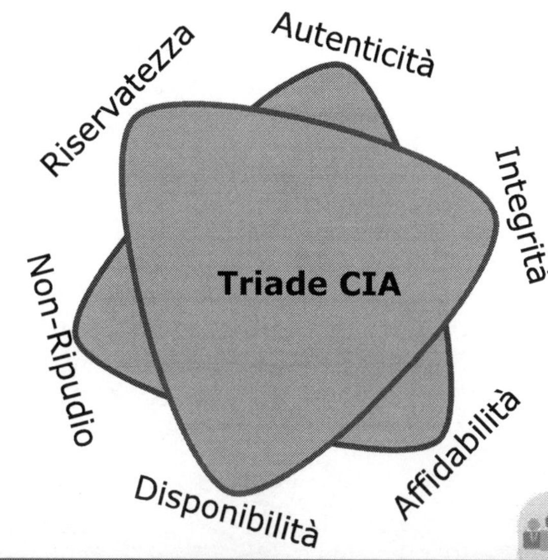

© Van Haren Publishing 37

Riservatezza

- Le informazioni sono rese disponibili o divulgate solo a individui, entità o processi autorizzati;
- La riservatezza si basa sui contenuti dei dati dell'asset.

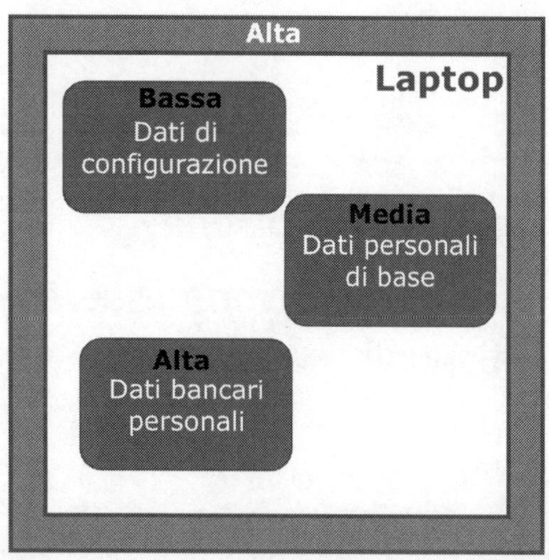

© Van Haren Publishing 38

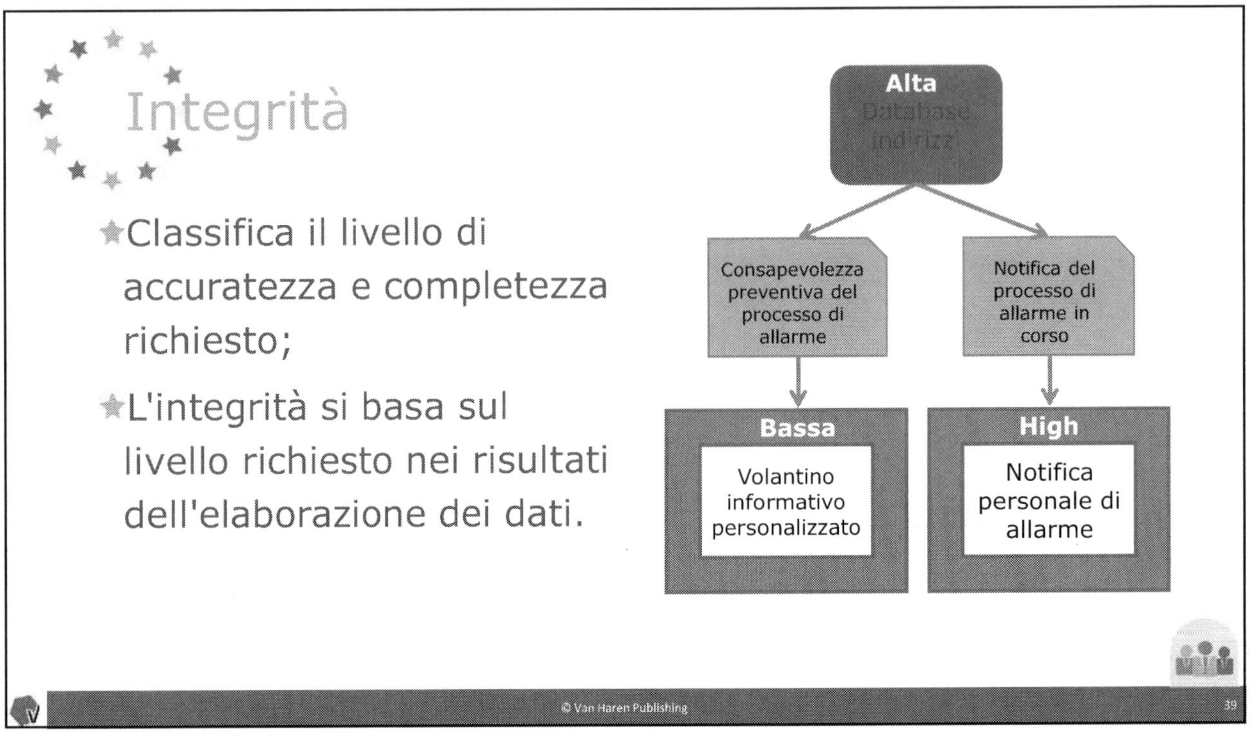
Integrità
Classifica il livello di accuratezza e completezza richiesto;
L'integrità si basa sul livello richiesto nei risultati dell'elaborazione dei dati.
Alta
Database, indirizzi
Consapevolezza preventiva del processo di allarme
Notifica del processo di allarme in corso
Bassa
Volantino informativo personalizzato
High
Notifica personale di allarme
© Van Haren Publishing
39

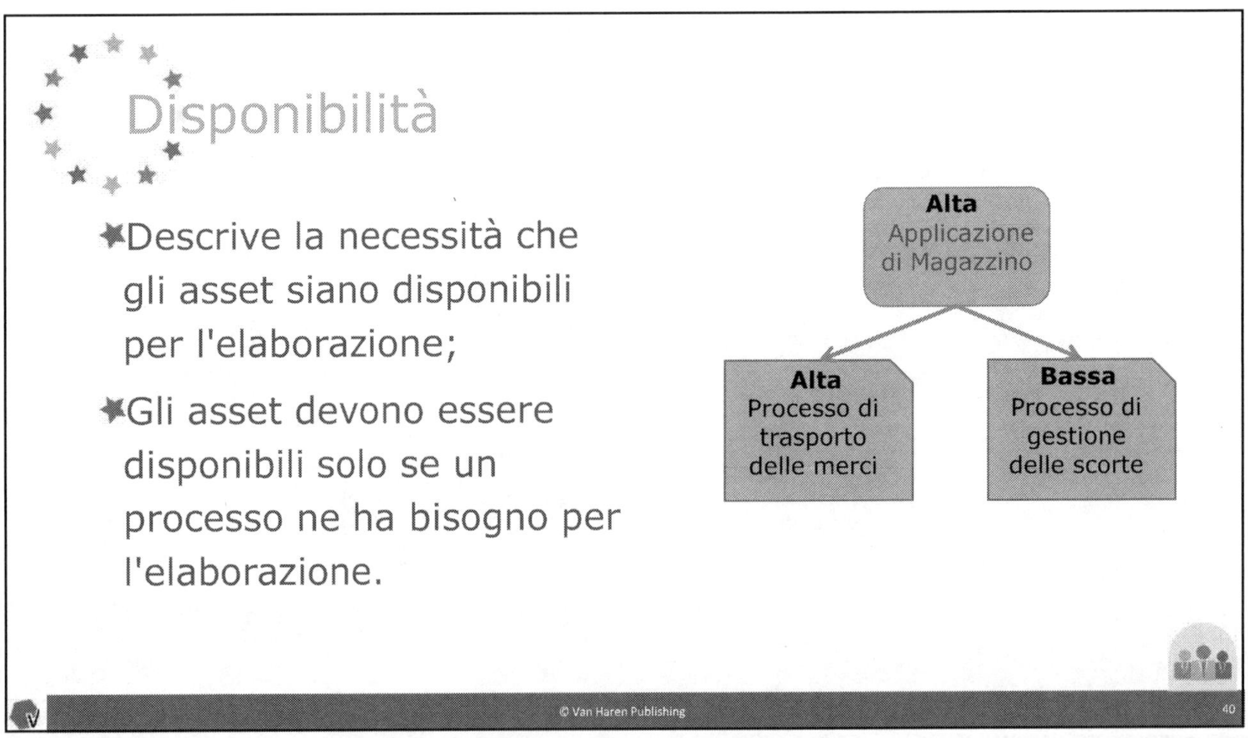
Disponibilità
Descrive la necessità che gli asset siano disponibili per l'elaborazione;
Gli asset devono essere disponibili solo se un processo ne ha bisogno per l'elaborazione.
Alta
Applicazione di Magazzino
Alta
Processo di trasporto delle merci
Bassa
Processo di gestione delle scorte
© Van Haren Publishing
40

Autenticità

Descrive una proprietà delle informazioni ricevute in relazione al comunicatore delle informazioni

Indica quanto le informazioni sembrano essere autentiche.

Esprime un livello di fiducia nella validità della trasmissione e/o del comunicatore.

 41

Affidabilità e Non-ripudio

Affidabilità

- Una dichiarazione sull'output di un processo relativo a:
  - Comportamento e risultati coerenti;
  - Comportamento e risultati previsti.

Non-ripudio

- Prova in modo irrevocabile un evento o un'azione tramite:
  - Conferma dell'occorrenza di un evento o di un'azione;
  - Conferma dell'identità dell'autore.

 42

Minacce

- Un evento, capacità, circostanza o azione che può avviare un attacco alla tua organizzazione e causare danni come risultato;
- Una minaccia può essere un fenomeno naturale o può essere avviata da un attore di minaccia;
- Una Minaccia informatica è una minaccia che origina dal cyberspazio e può avere un impatto sui sistemi di rete e informazione, sui loro utenti e su altre persone;
- Una Minaccia informatica significativa è definita come una minaccia informatica che può causare gravi conseguenze, comportando danni considerevoli.

 43

Vulnerabilità

- Una debolezza, vulnerabilità o difetto di un bene che può essere sfruttato da una minaccia.
- I controlli preventivi riducono la probabilità di uno sfruttamento riuscito.
- Le vulnerabilità raramente sono specifiche di un'organizzazione, ma sono generalmente comuni a determinate tipologie di beni.
- Le vulnerabilità note sono documentate nei database di Common Vulnerability and Exposure (CVE) gestiti da governi e organizzazioni.
- L'Articolo 12(2) della NIS2 richiede all'ENISA di sviluppare e mantenere un database europeo delle vulnerabilità.

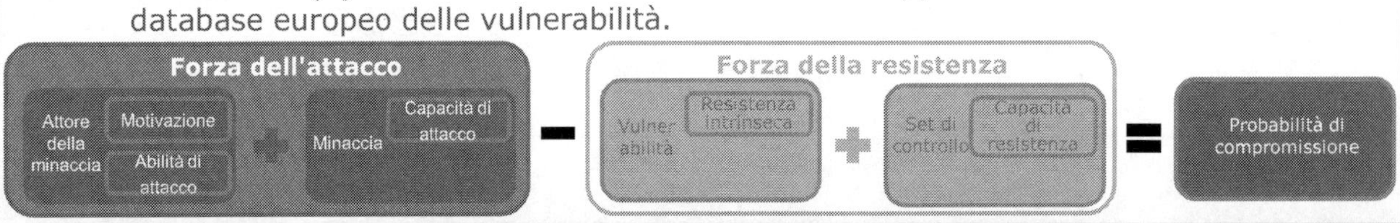

 44

Eventi e quasi-incidenti

Gli eventi sono attività che si verificano.

Gli eventi di sicurezza delle informazioni sono eventi che hanno il potenziale di essere dirompenti per l'elaborazione delle informazioni.

Gli eventi di minaccia sono eventi di sicurezza delle informazioni scatenati da una minaccia.

I quasi-incidenti sono eventi di minaccia che avrebbero potuto causare danni.

Incidenti e Crisi

- Gli incidenti sono eventi di sicurezza delle informazioni che compromettono le proprietà della sicurezza delle informazioni e causano un impatto;
- Le crisi sono incidenti con un impatto significativo;
- Gli incidenti di cybersicurezza su larga scala sono incidenti che causano disagi che:
  - superano la capacità di risposta di uno Stato Membro; o
  - hanno un impatto significativo su almeno due Stati Membri.

Dall'evento di sicurezza fino alla catastrofe
Richiedono una risposta all'incidente
Evento
• Azione che può essere accettabile o inaccettabile
Potentiale incidente
• Evento di minaccia
• Può portare a un impatto
Quasi-incidente
• Evento di minaccia a cui è stato impedito di causare impatto
Incidente
• Causa impatto e/o danni
Crisi
• Incidente significativo
• Causa interruzioni e/o danni significativi
Disastro
• Incidente fuori controllo
• Causa impatto e/o danni significativi
• Difficile da contenere
Catastrofe
• Incidente che porta a una situazione irreversibile
© Van Haren Publishing
47

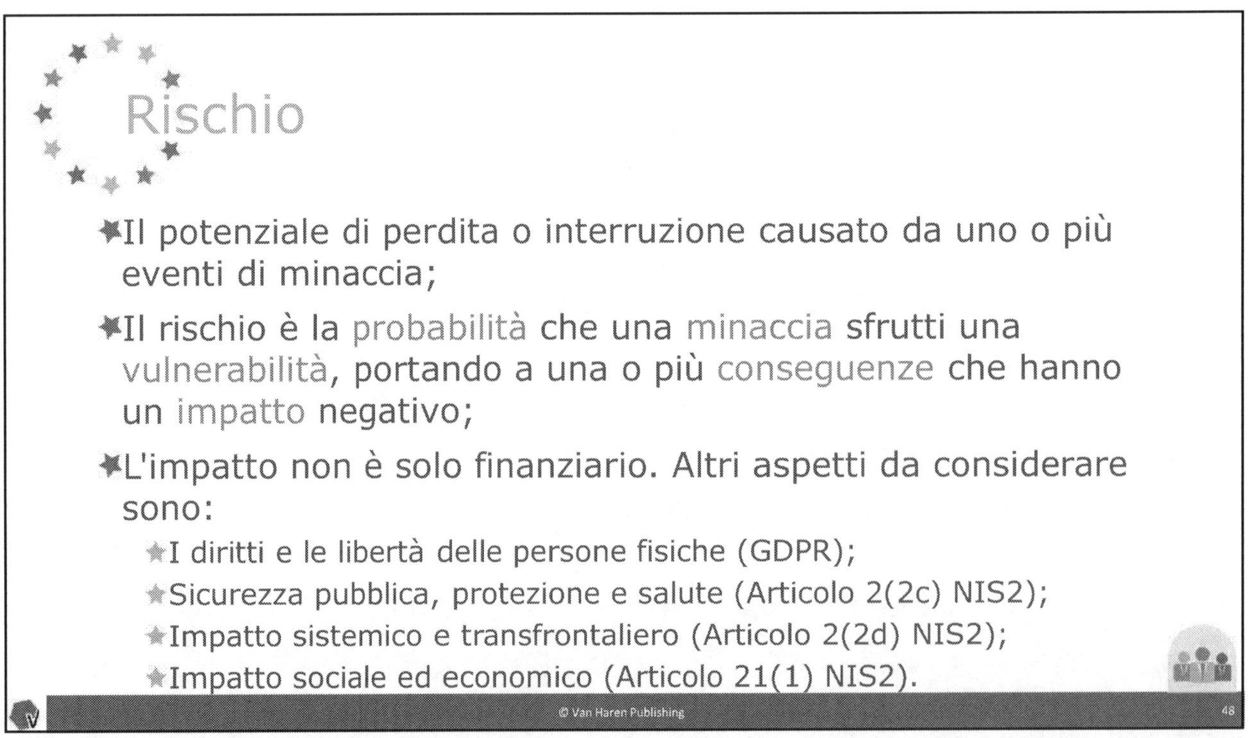
Rischio
Il potenziale di perdita o interruzione causato da uno o più eventi di minaccia;
Il rischio è la probabilità che una minaccia sfrutti una vulnerabilità, portando a una o più conseguenze che hanno un impatto negativo;
L'impatto non è solo finanziario. Altri aspetti da considerare sono:
I diritti e le libertà delle persone fisiche (GDPR);
Sicurezza pubblica, protezione e salute (Articolo 2(2c) NIS2);
Impatto sistemico e transfrontaliero (Articolo 2(2d) NIS2);
Impatto sociale ed economico (Articolo 21(1) NIS2).
© Van Haren Publishing
48

Ricompensa od opportunità del rischio

- Comprendere la ricompensa per determinare il rischio che si può accettare;
- Accettare un rischio non è lo stesso che accettare un incidente;
- Le organizzazioni devono essere consapevoli del fatto che:
  - Eliminare il rischio significa anche eliminare l'opportunità;
  - Un rischio senza una ricompensa non dovrebbe essere preso, indipendentemente da quanto grande o piccolo sia il rischio;
  - Ridurre i rischi riduce l'opportunità, ma riduce anche il potenziale di perdita o interruzione. Occorre trovare un equilibrio.

Cybersicurezza

- Attività necessarie per proteggere le reti e i sistemi informativi, gli utenti di tali sistemi e altre persone dalle minacce provenienti dal cyberspazio (ovvero le minacce informatiche).

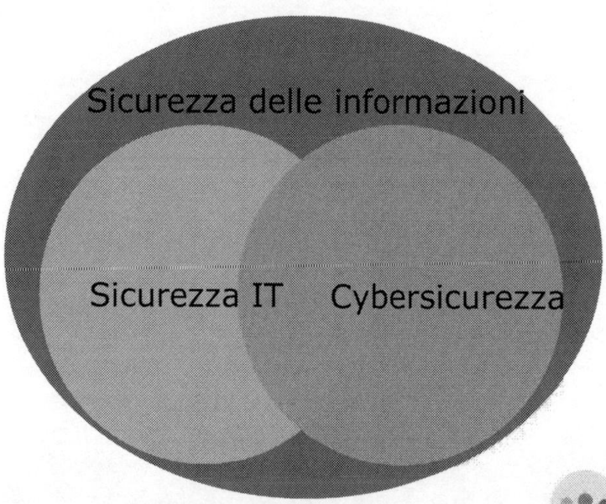

Standard

- Uno standard è un'applicazione delle tue politiche;
- NIS2 riconosce i seguenti tipi di standard:
  - **Standard Internazionale**
    uno standard adottato da un organismo di standardizzazione internazionale (come l'ISO);
  - **Standard Europeo**
    uno standard adottato da un'organizzazione di standardizzazione europea;
  - **Standard Armonizzato**
    uno standard europeo adottato sulla base di una richiesta presentata dalla Commissione per l'applicazione della legislazione di armonizzazione dell'Unione;
  - **Standard Nazionale**
    uno standard adottato da un organismo di standardizzazione nazionale.

 51

Servizi Gestiti

Servizio Gestito

- Servizio di terze parti relativo a:
  - Prodotti ICT;
  - Reti;
  - Infrastrutture;
  - Applicazioni; o
  - Qualsiasi altro sistema di rete e informazione.
- Le attività tipiche includono:
  - Installazioni;
  - Gestione;
  - Operazioni; e
  - Manutenzione.

Servizio di Sicurezza Gestito

- Servizio di terze parti per assistere nelle attività relative alla gestione del rischio di sicurezza informatico;
- Le attività tipiche includono:
  - Risposta agli incidenti;
  - Test di penetrazione;
  - Audit di sicurezza;
  - Consulenza.
- Il Considerando 86 della NIS2 sottolinea la necessità di una maggiore diligenza nella scelta di un fornitore di servizi di sicurezza gestiti.

 52

Servizio di Cloud Computing

- Un servizio digitale che consente la gestione on-demand e un **ampio accesso remoto** a un pool **scalabile** ed **elastico** di risorse informatiche **condivisibili**, anche quando tali risorse sono **distribuite** in più sedi;
- La definizione introduce alcuni termini che vengono ulteriormente spiegati nel Considerando 33:
  - **Accesso remoto ampio**
    Le capacità del cloud vengono fornite tramite la rete e accessibili attraverso meccanismi che promuovono l'uso di una combinazione di piattaforme client thin e thick, inclusi telefoni cellulari, tablet, laptop e workstation.
  - **Scalabile**
    Risorse informatiche che vengono allocate in modo flessibile per gestire le fluttuazioni nella domanda.
  - **Pool elastico**
    Risorse informatiche che vengono fornite e rilasciate in base alla domanda.
  - **Condivisibile**
    Risorse informatiche fornite a più utenti che condividono un accesso comune al servizio, ma dove l'elaborazione viene effettuata separatamente per ciascun utente, anche se il servizio è fornito dalla stessa attrezzatura elettronica.
  - **Distribuito**
    Risorse informatiche situate su diversi computer o dispositivi connessi in rete che comunicano e si coordinano tra loro tramite lo scambio di messaggi.

 53

Modelli di Cloud Computing

Servizi di Cloud Computing

Infrastructure as a Service (IaaS)
Una configurazione di base in cui al cliente viene offerta solo elettricità e uno spazio per posizionare l'attrezzatura.

Platform as a Service (PaaS)
Estende l'IaaS con un ambiente hardware e sistemi operativi. I clienti gestiscono le applicazioni sui sistemi operativi forniti.

Software as a Service (SaaS)
Espande il PaaS con applicazioni. I clienti fanno solo elaborazione dei dati in quelle applicazioni.

Network as a Service (NaaS)
Supporta gli altri tre modelli fornendo connettività di trasporto e le relative capacità di rete.

 54

Enti e istituzioni pubbliche

§ 3.5

COURSEWARE

Gruppo di Cooperazione

- Il Gruppo di Cooperazione è stato istituito per:
  - Sostenere e facilitare la cooperazione strategica tra gli Stati membri;
  - Sostenere e facilitare lo scambio di informazioni tra gli Stati membri su:
    - Notifiche di incidenti;
    - Migliori pratiche nella formazione sulla consapevolezza;
    - Ricerca e sviluppo.
  - Sviluppare fiducia e confidenza tra gli Stati membri;
  - Sostenere la rete CSIRT e fornire orientamenti strategici.
- Il Gruppo di Cooperazione è composto da:
  - Rappresentanti di ciascun Stato membro;
  - La Commissione;
  - L'ENISA.

 56

ENISA

- Agenzia Europea per la Cybersicurezza (European Agency for Cybersecurity, ex European Network and Information Security Agency);
- Il partner NIS2 esperto in cybersicurezza per tutte le istituzioni, i comitati e le entità.

 57

ENISA – Mantenere la competenza

- ENISA è tenuta a mantenere livelli adeguati di competenza in cybersicurezza in aree come:
  - Risposta agli incidenti;
  - Sviluppo di software sicuro;
  - Protezione delle infrastrutture;
  - Tecnologie emergenti.

- NIS2 stabilisce vari soggetti con cui ENISA è tenuta a condividere questa competenza:
  - **Articolo 14(3)**: Fornire contributo esperto al Gruppo di Cooperazione;
  - **Articolo 18(2)**: Preparare Rapporti Tecnici sulla Situazione riguardante incidenti e minacce informatiche;
  - **Articolo 19(6)**: Sviluppare congiuntamente Codici di Condotta;
  - **Articolo 22(1)**: Eseguire valutazioni del rischio delle catene di fornitura di servizi, sistemi o prodotti ICT critici;
  - **Articolo 29(5)**: Assistere nell'istituzione di meccanismi di condivisione delle informazioni sulla cybersicurezza.

 58

ENISA – Supporto Operativo

- Il supporto operativo e la formazione sono forniti per:
  - **Articolo 7(4)**: Potenziare le strategie di cybersicurezza degli Stati membri;
  - **Articolo 10(10)**: Stabilire team nazionali di risposta agli incidenti;
  - **Articolo 23(9)**: Sviluppare meccanismi di segnalazione degli incidenti.
- ENISA fornisce linee guida e modelli per aiutare i soggetti con obbligo di notifica:
  - A soddisfare i vari obblighi di segnalazione previsti da NIS2;
  - A ridurre il carico amministrativo sugli enti notificanti.
- A sostegno di altri organi di sicurezza dell'UE, come la rete CSIRT e EU-CyCLONe, ENISA fornisce la segreteria e partecipa, sia come osservatore che attivamente, a supporto dei partecipanti.

 59

ENISA – Standards e certificazioni

- L'Articolo 25(2) richiede a ENISA di redigere consigli e linee guida riguardo le aree tecniche da considerare per la standardizzazione;
- La NIS2 si basa principalmente su ENISA per la maggior parte delle altre standardizzazioni di cybersicurezza, inclusi i seguenti aspetti:
  - **Articolo 12(2)**: L'istituzione di un database di vulnerabilità dell'UE, con i relativi sistemi informatici, politiche, procedure e controlli adeguati;
  - **Articolo 19(1)**: L'istituzione della metodologia e degli aspetti organizzativi delle autovalutazioni e delle revisioni tra pari;
  - **Articolo 29(5)**: Lo scambio di buone pratiche e orientamenti per l'istituzione di accordi di condivisione delle informazioni sulla cybersicurezza.

 60

ENISA – Aumentare la consapevolezza

- Requisiti definiti nel Regolamento sulla cybersicurezza (Cybersecurity Act - 2019):
  - Creare esercizi di cybersicurezza a livello dell'Unione;
  - Aiutare gli Stati membri con esercizi nazionali di cybersicurezza.
- L'Articolo 15(3l) crea una responsabilità per la rete CSIRT di tenere traccia dei corsi di formazione sulla consapevolezza della cybersicurezza organizzati da ENISA.

© Van Haren Publishing 61

ENISA – Cooperazione e collaborazione

- Articolo 14: ENISA facilita la cooperazione e la collaborazione tra gli Stati membri, i soggetti industriali e i partner internazionali. Essa:
  - Supporta lo scambio di informazioni;
  - Supporta esercizi e simulazioni congiunte;
  - Incoraggia la condivisione delle migliori pratiche e delle lezioni apprese.
- Articolo 15(2): ENISA fornisce attivamente assistenza per la cooperazione tra gli CSIRT.

© Van Haren Publishing 62

EU-CyCLONe

- La European Cyber Crisis Liaison Organization Network;
- Supporta la gestione coordinata di incidenti e crisi informatiche su larga scala a livello operativo;
- Essa è composta dai rappresentanti delle autorità di gestione delle crisi informatiche degli Stati membri e della Commissione;
- I compiti di EU-CyCLONe sono:
  - Migliorare la preparazione per gestire incidenti e crisi di cybersicurezza su larga scala;
  - Sviluppare la consapevolezza riguardo agli incidenti e alle crisi di cybersicurezza su larga scala;
  - Valutare le conseguenze e l'impatto degli incidenti e delle crisi di cybersicurezza su larga scala pertinenti e proporre possibili misure di mitigazione;
  - Coordinare la gestione di incidenti e crisi di cybersicurezza su larga scala;
  - Supportare il processo decisionale a livello politico in relazione a tali incidenti e crisi.

 63

Autorità Competenti

- L'Articolo 1(2a) richiede a ciascuno Stato membro di designare o stabilire una o più autorità competenti;
- Responsabilità:
  - Sicurezza informatica nazionale;
  - Compiti di supervisione secondo la NIS2.
- Una delle autorità competenti designate o stabilite fungerà da punto di contatto unico per quello Stato membro.

 64

CSIRT

- Computer Security Incident Response Teams, operativi 24x7;
- Designato o stabilito da ciascun Stato membro;
- Gli CSIRT combinati devono coprire almeno tutti i settori, sotto settori e tipi di soggetti che rientrano nell'ambito di applicazione della NIS2.

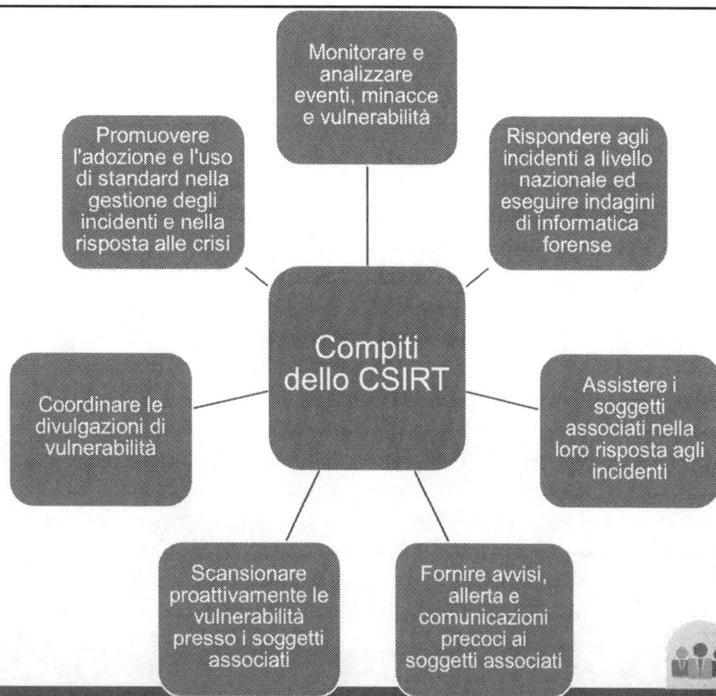

 65

Rete degli CSIRT

- La rete CSIRT è stata istituita dalla Direttiva NIS nel 2016;
- L'Articolo 15 della NIS2 riafferma il ruolo della rete CSIRT per:
  - supportare gli sforzi di cybersicurezza;
  - contribuire allo sviluppo di fiducia e confidenza tra gli Stati membri;
  - promuovere una cooperazione operativa rapida ed efficace.
- Composizione della rete CSIRT:
  - rappresentanti degli CSIRT;
  - rappresentanti di CERT-EU;
  - la Commissione;
  - ENISA.

 66

Obblighi dei soggetti
§ 3.8
©2024 · Tutti i materiali di formazione sono di esclusiva proprietà di Van Haren Publishing BV
e non possono essere riprodotti in alcuna forma o modalità senza autorizzazione scritta.

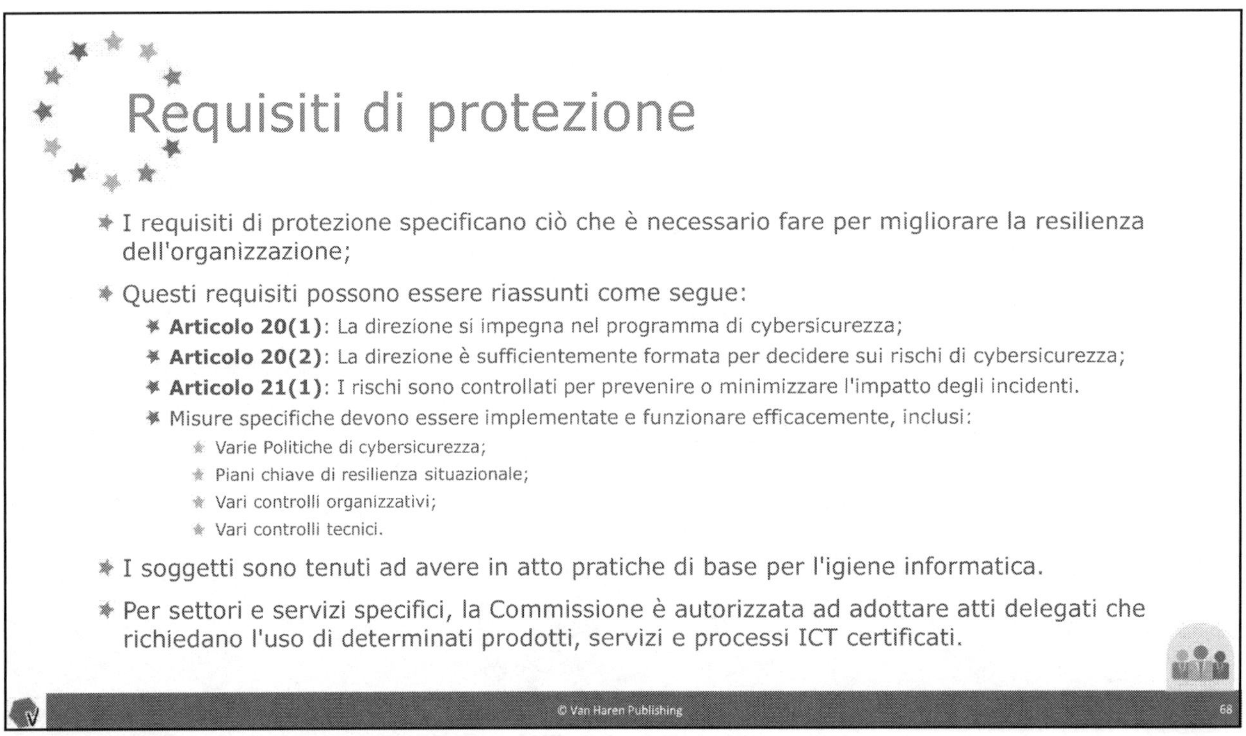
Requisiti di protezione
I requisiti di protezione specificano ciò che è necessario fare per migliorare la resilienza dell'organizzazione;
Questi requisiti possono essere riassunti come segue:
Articolo 20(1): La direzione si impegna nel programma di cybersicurezza;
Articolo 20(2): La direzione è sufficientemente formata per decidere sui rischi di cybersicurezza;
Articolo 21(1): I rischi sono controllati per prevenire o minimizzare l'impatto degli incidenti.
Misure specifiche devono essere implementate e funzionare efficacemente, inclusi:
Varie Politiche di cybersicurezza;
Piani chiave di resilienza situazionale;
Vari controlli organizzativi;
Vari controlli tecnici.
I soggetti sono tenuti ad avere in atto pratiche di base per l'igiene informatica.
Per settori e servizi specifici, la Commissione è autorizzata ad adottare atti delegati che richiedano l'uso di determinati prodotti, servizi e processi ICT certificati.
© Van Haren Publishing
68

Obblighi di segnalazione

- Lo CSIRT deve essere informato degli incidenti significativi;
- Devi informare i destinatari dei tuoi servizi:
  - Fornisci informazioni sufficienti, comprese eventuali informazioni sulla minaccia informatica, in modo che possano adottare azioni appropriate per minimizzare o prevenire l'impatto dalla loro parte.
- Notifica di avviso preliminare entro 24 ore dalla rilevazione;
- Un rapporto sull'incidente con un'analisi preliminare delle cause deve essere fornito entro 72 ore;
- Gli CSIRT possono richiedere rapporti di stato aggiuntivi in qualsiasi momento;
- Invia un rapporto di stato intermedio se l'incidente è ancora in corso dopo un mese;
- I rapporti finali devono essere presentati entro un mese dalla prima notifica;
- Se gli incidenti sono ancora in corso dopo un mese, il rapporto finale deve essere inviato entro un mese dalla risoluzione dell'incidente.

 69

Collegamento agli standard ISO

- NIS2 promuove allineamenti con standard internazionali e migliori pratiche del settore esistenti nell'area della gestione del rischio informatico (Considerando 59).
- NIS2 incoraggia l'uso di standard e specifiche tecniche europee e internazionali pertinenti alla sicurezza dei sistemi di rete e delle informazioni (Articolo 25(1)).
- ISO/IEC 27001
  - Descrive un approccio strategico alla sicurezza delle informazioni attraverso il Sistema di Gestione della Sicurezza delle Informazioni (ISMS);
  - L'ISMS utilizza un approccio basato sul rischio per determinare i controlli raccomandati;
  - I controlli applicabili sono elencati nell'Allegato A dello standard;
  - Molti dei controlli si allineano con i requisiti della NIS2.
- EN-ISO 22301
  - Specifica la struttura e i requisiti per un sistema di gestione della continuità aziendale (BCMS);
  - L'EN-ISO 22301 è più estensivo rispetto a quanto richiesto nello specifico dalla NIS2.

 70

Schemi di certificazione per la cybersicurezza
L'Articolo 24 consente agli Stati membri di **richiedere** a determinati Soggetti Essenziali e Importanti di utilizzare prodotti, servizi e processi ICT certificati.
CERTIFIED
Non c'è un requisito generico per utilizzare prodotti, servizi o processi certificati.
I fornitori di prodotti, servizi e processi ICT possono scegliere di far certificare i loro prodotti, servizi e processi.
© Van Haren Publishing
71

Supervisione e imposizione
§ 3.9
©2024 - Tutti i materiali di formazione sono di esclusiva proprietà di Van Haren Publishing BV e non possono essere riprodotti in alcuna forma o modalità senza autorizzazione scritta

Supervisione

L'autorità competente ha il potere di:

- Monitorare la tua conformità;
- Supervisionare determinate attività e misure;
- Imporre di adeguarsi ai requisiti della NIS2.

Si prevede che le autorità competenti agiscano in modo proattivo per i Soggetti Essenziali.

La supervisione dei Soggetti Importanti è per lo più reattiva a seguito di rapporti, reclami o risultati che si dovessero ricevere.

 73

Imposizione

- L'imposizione è divisa in due fasi:
  - La prima fase consiste in istruzioni ad agire per adottare le misure;
  - La seconda fase viene eseguita solo se non si rispettano le istruzioni fornite nella prima fase.
- Esempi del potere di imposizione della prima fase:
  - Emettere avvisi sulle violazioni;
  - Istruire a porre rimedio alle carenze o violazioni identificate;
  - Ordinare di informare i consumatori sull'incidente e sulle eventuali misure da adottare;
  - Designare un funzionario di controllo per un determinato periodo di tempo per supervisionare la tua conformità agli obblighi NIS2;
  - Imporre una sanzione amministrativa o imporre sanzioni periodiche in aggiunta a qualsiasi altra misura.
- Se l'azione richiesta non viene eseguita entro la scadenza, ulteriori poteri di imposizione sono (seconda fase):
  - Sospendere una certificazione o un'autorizzazione;
  - Vietare temporaneamente ai dirigenti a livello di CEO o rappresentante legale di esercitare funzioni dirigenziali;
  - Qualsiasi persona fisica responsabile o che agisca come rappresentante legale può essere ritenuta responsabile per violazione dei propri doveri di garantire la conformità.

 74

Ruoli e Responsabilità

COURSEWARE

§ 3.10

Alta direzione

- È richiesto il coinvolgimento diretto, conoscenza e comprensione da parte della alta direzione;
- La direzione deve approvare le misure e supervisionarne l'attuazione;
- La direzione può essere ritenuta personalmente responsabile per le violazioni del NIS2;
- La direzione deve seguire corsi di formazione per acquisire le competenze necessarie a identificare i rischi e valutare le pratiche di gestione del rischio informatico e il loro impatto sui servizi forniti;
- La strategia di sicurezza delle informazioni e la Politica sulla sicurezza delle informazioni devono essere comprese dalla direzione e attivamente sostenute nella loro attuazione;
- Porre la sicurezza delle informazioni all'ordine del giorno del consiglio di amministrazione a intervalli regolari.

 76

Chief Information Security Officer

- Nominare qualcuno nel ruolo di CISO aiuta a mantenere e dimostrare il controllo;
- Un CISO o equivalente, anche se nominato a tempo pieno, non può svolgere il lavoro da solo;
- Dovresti aspettarti che la funzione di sicurezza:
  - Abbia una comprensione a livello strategico;
  - Sia in grado di gestire e mantenere un programma di gestione del rischio informatico;
  - Riporti regolarmente alla direzione sullo stato della sicurezza;
  - Sostenga l'organizzazione durante incidenti informatici e crisi cibernetiche;
  - Sia il punto di contatto principale per gli incidenti di sicurezza o possa dare consigli al punto di contatto principale sugli aspetti di sicurezza;
  - Coordini eventuali richieste delle autorità competenti o dello CSIRT;
  - Riporti incidenti di sicurezza significativi alle autorità;
  - Controlli i requisiti di sicurezza per la catena di approvvigionamento;
  - Prepari e gestisca un programma di consapevolezza sulla sicurezza;
  - Monitori i controlli e le fonti esterne e risponda quando necessario.

 77

Data Protection Officer

Il DPO ha un ruolo indiretto in relazione alla NIS2

Il DPO dovrà valutare le misure per garantire che non violino i diritti e le libertà delle persone fisiche

Il DPO è obbligato a segnalare l'incidente entro 72 ore all'autorità di controllo della privacy

Il NIS2 richiede una stretta cooperazione tra l'autorità competente e l'autorità di controllo del GDPR quando si affrontano incidenti che comportano violazioni dei dati personali

DPO

 78

Dipendenti

- I dipendenti devono essere formati per diventare consapevoli della sicurezza;
- Esercizi di ingegneria sociale aiuteranno a ridurre la frequenza con cui l'ingegneria sociale ha successo;
- I dipendenti dovrebbero notificare gli eventi di sicurezza al team di sicurezza in modo tempestivo per aiutare a prevenire incidenti e ridurre l'impatto;
- Processi semplici e metodi a basso sforzo miglioreranno il tasso con cui i dipendenti notificheranno gli incidenti alle parti rilevanti;
- Evitare procedure complesse e lunghe da seguire e avere opzioni di notifica semplici e dirette.

 79

Terze parti e catena di approvvigionamento

- Il soggetto è responsabile di verificare lo stato di conformità della propria catena di approvvigionamento;
- Il soggetto può essere ritenuto responsabile per la conformità della catena di approvvigionamento.

- Nei contratti con i fornitori, includere i requisiti di conformità per l'intera catena di approvvigionamento, non solo per il singolo fornitore.

- Ogni anello della catena di approvvigionamento deve rispettare i requisiti della NIS2;
- Anche se non rientra direttamente nel campo di applicazione della Direttiva!
- Ogni anello della catena di approvvigionamento è responsabile di garantire la propria conformità.

 80

Valutazione del GAP

Spiegazione della valutazione GAP

§ 4, Annex F

COURSEWARE

Scopo della valutazione GAP

- Approccio strutturato alla conformità;
- Verifica del tuo stato di conformità;
- Creazione di una panoramica di base delle azioni;
- Fornisce una visione d'insieme alla direzione.

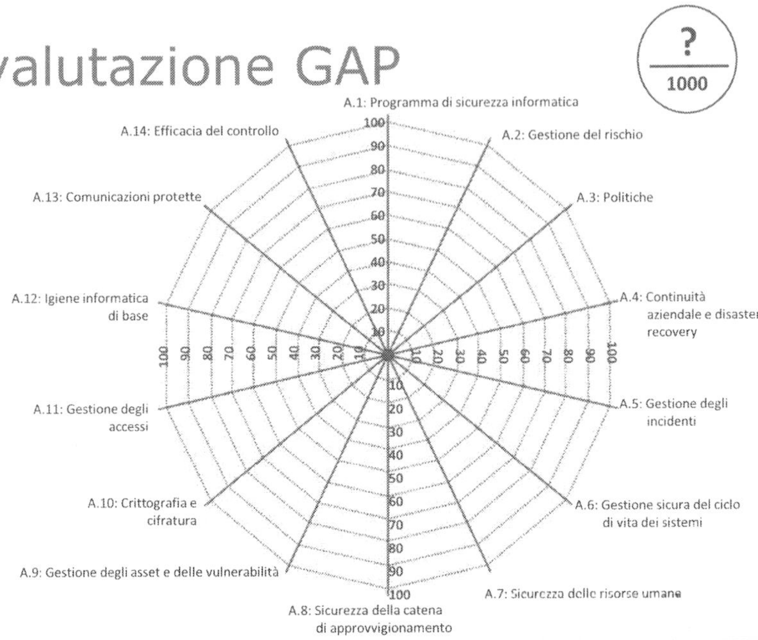

© Van Haren Publishing 83

Come procedere

- 14 sezioni (A.1 fino ad A.14).
- Ogni sezione verrà discussa brevemente.
- Rivedi le affermazioni della sezione.
- Registra la tua stima percentuale di conformità.
- Converti la percentuale in base al numero massimo di punti che possono essere ottenuti.
- Il punteggio totale per tutte le affermazioni della sezione viene sommato e arrotondato al numero intero più vicino.
- Segna il punteggio della sezione nella tabella fornita.
- Somma i punteggi delle sezioni, dividi per 1,4 e arrotonda al numero intero più vicino. Inserisci questo punteggio nel punteggio complessivo dell'organizzazione.
- Una volta calcolati i punteggi di tutte le sezioni, puoi tracciarli sul grafico a ragnatela fornito.

© Van Hare 84

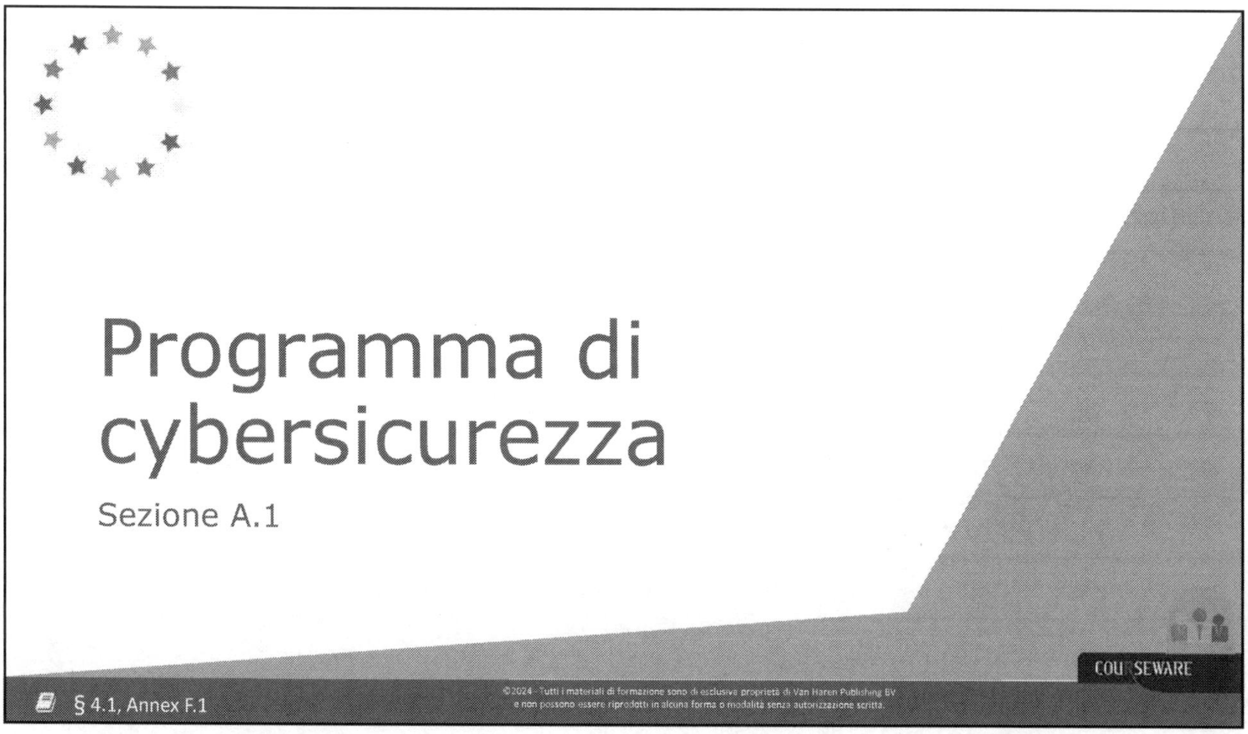
Programma di cybersicurezza
Sezione A.1
COURSEWARE
§ 4.1, Annex F.1
©2024 - Tutti i materiali di formazione sono di esclusiva proprietà di Van Haren Publishing BV e non possono essere riprodotti in alcuna forma o modalità senza autorizzazione scritta.

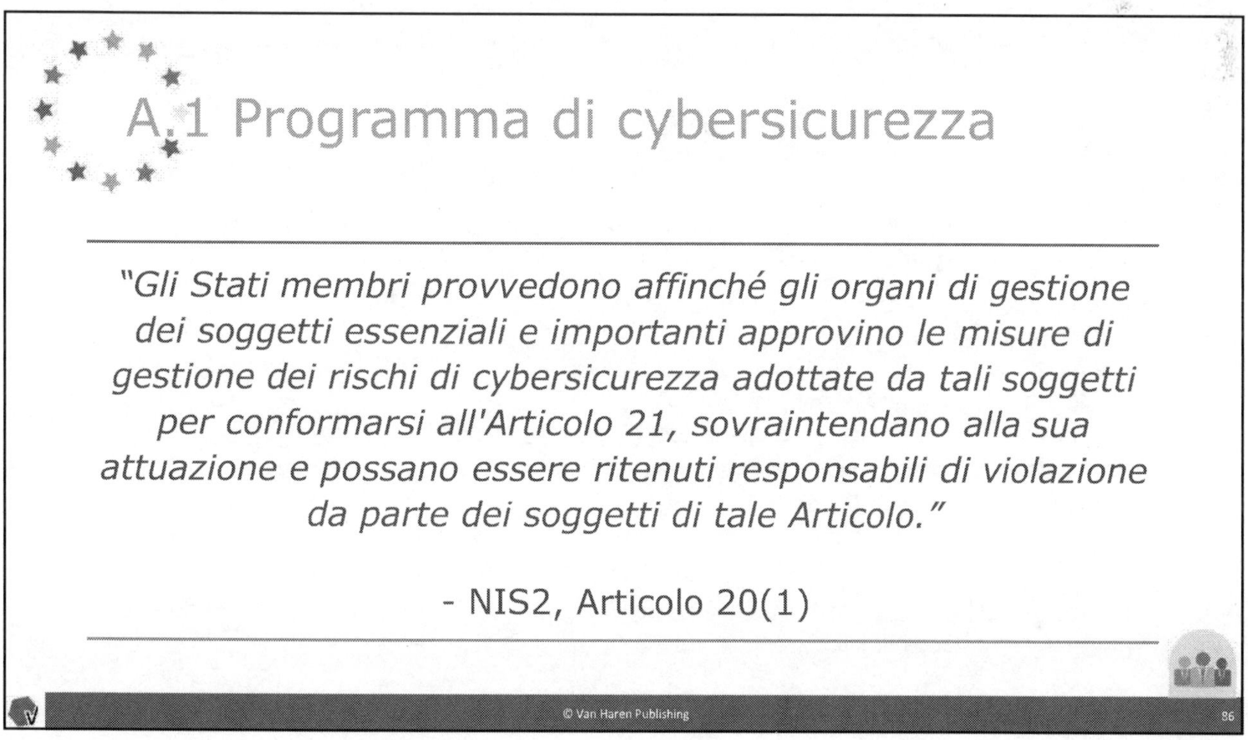
A.1 Programma di cybersicurezza
"Gli Stati membri provvedono affinché gli organi di gestione dei soggetti essenziali e importanti approvino le misure di gestione dei rischi di cybersicurezza adottate da tali soggetti per conformarsi all'Articolo 21, sovraintendano alla sua attuazione e possano essere ritenuti responsabili di violazione da parte dei soggetti di tale Articolo."
- NIS2, Articolo 20(1)
© Van Haren Publishing
86

A.1 Programma di cybersicurezza

- Un insieme di progetti e attività operative che lavorano per raggiungere gli obiettivi strategici di cybersicurezza;
- Formalmente documentato e approvato dal top management;
- Continuo, senza una fine definita;
- Include la gestione del rischio e le misure di mitigazione del rischio (incluse quelle previste dall'Articolo 21);
- Responsabilità della Direzione sia per i Soggetti Essenziali che per quelli Importanti:
  - L'Articolo 20(1) afferma che il top management può essere ritenuto responsabile della conformità ai requisiti dell'Articolo 21;
  - Per i Soggetti Essenziali, l'Articolo 32(6) amplia questa responsabilità personale per il top management a qualsiasi violazione dei loro doveri nel garantire la conformità alla NIS2.

 87

A.1 Rendicontazione al management

- Una struttura di rendicontazione regolare e formale aiuterà il management a soddisfare i requisiti dell'Articolo 20(1).
- I rapporti dovrebbero contenere almeno i seguenti elementi:
  - Stato dell'avanzamento verso gli obiettivi di sicurezza e del programma;
  - Cambiamenti relativi agli obblighi legali, contrattuali e aziendali (ad esempio, a seguito di atti delegati discussi nell'Articolo 24);
  - Informazioni su incidenti e quasi-incidenti;
  - Risultati di revisioni (come valutazioni interne e audit);
  - Cambiamenti nel profilo di rischio;
  - Azioni e approvazioni nell'adempimento degli obiettivi del programma di cybersicurezza.
- Le organizzazioni che gestiscono programmi ISO 27001 possono utilizzare il Riesame della Direzione (Management Review) come base per la conformità a questo requisito della NIS2.

 88

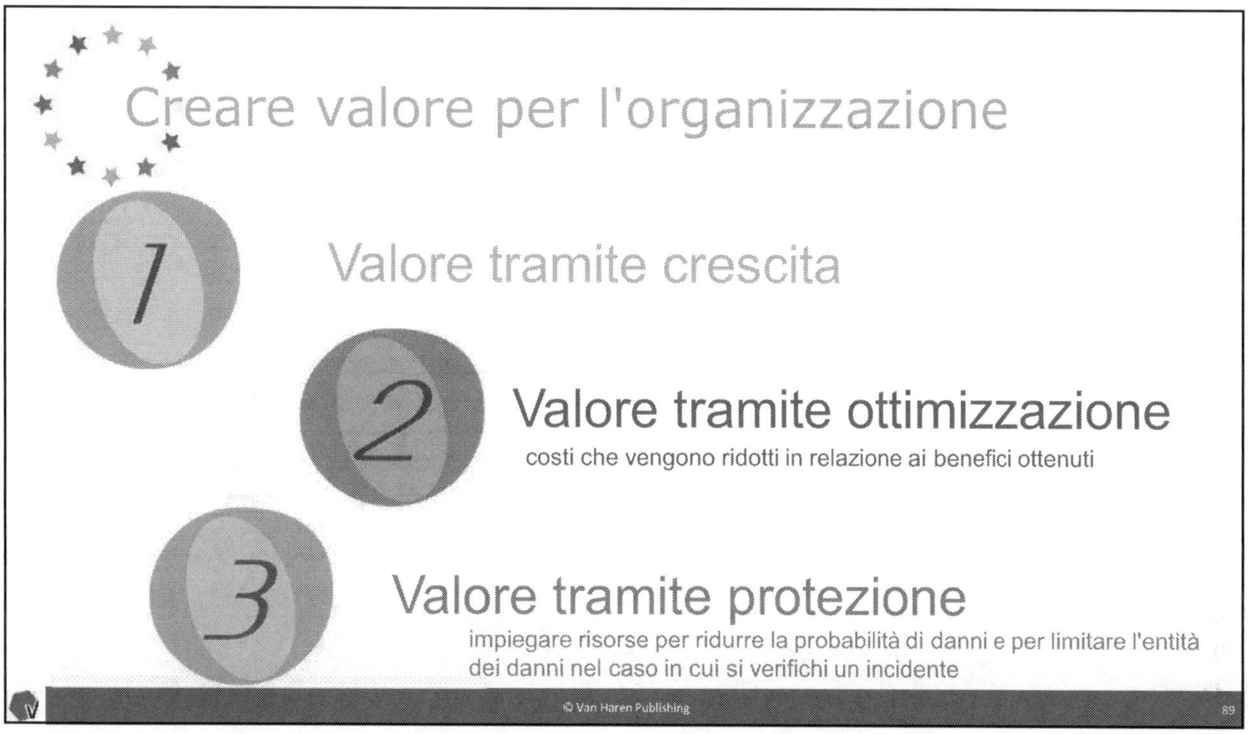
Creare valore per l'organizzazione
1
Valore tramite crescita
2
Valore tramite ottimizzazione
costi che vengono ridotti in relazione ai benefici ottenuti
3
Valore tramite protezione
impiegare risorse per ridurre la probabilità di danni e per limitare l'entità dei danni nel caso in cui si verifichi un incidente
© Van Haren Publishing
89

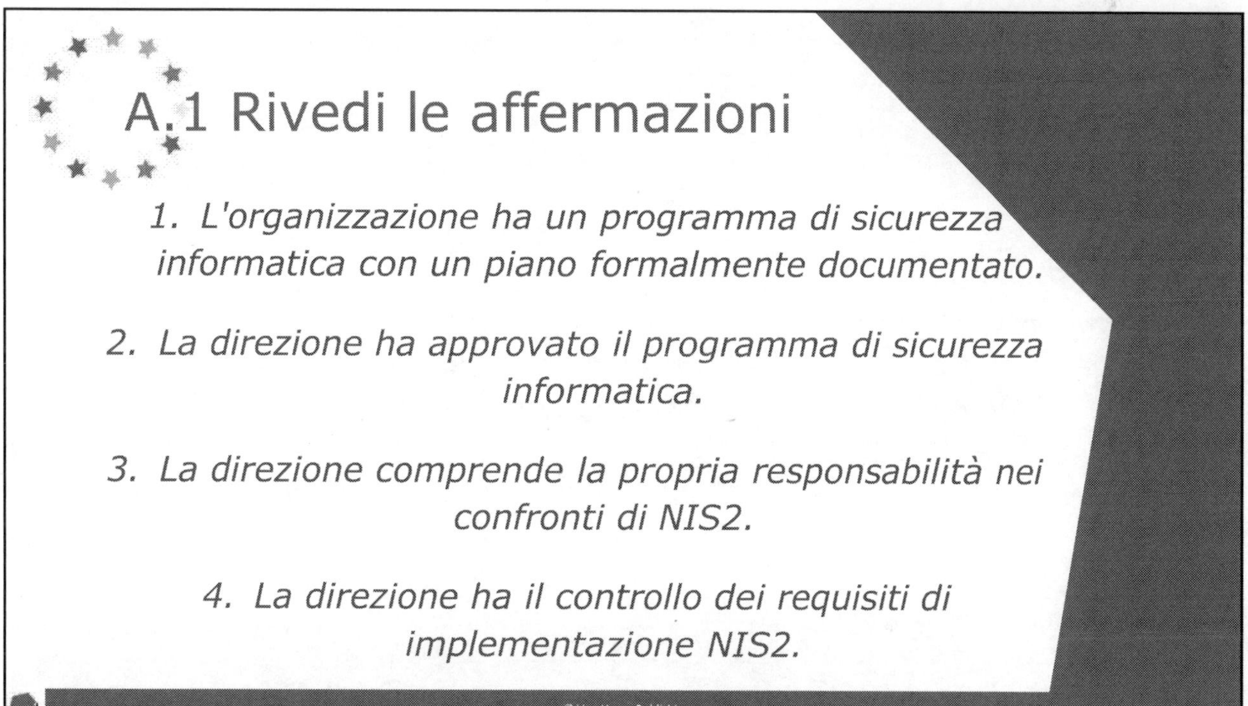
A.1 Rivedi le affermazioni
1. L'organizzazione ha un programma di sicurezza informatica con un piano formalmente documentato.
2. La direzione ha approvato il programma di sicurezza informatica.
3. La direzione comprende la propria responsabilità nei confronti di NIS2.
4. La direzione ha il controllo dei requisiti di implementazione NIS2.
© Van Haren Publishing
90

Gestione del rischio
Sezione A.2
§ 4.3, Annex F.2

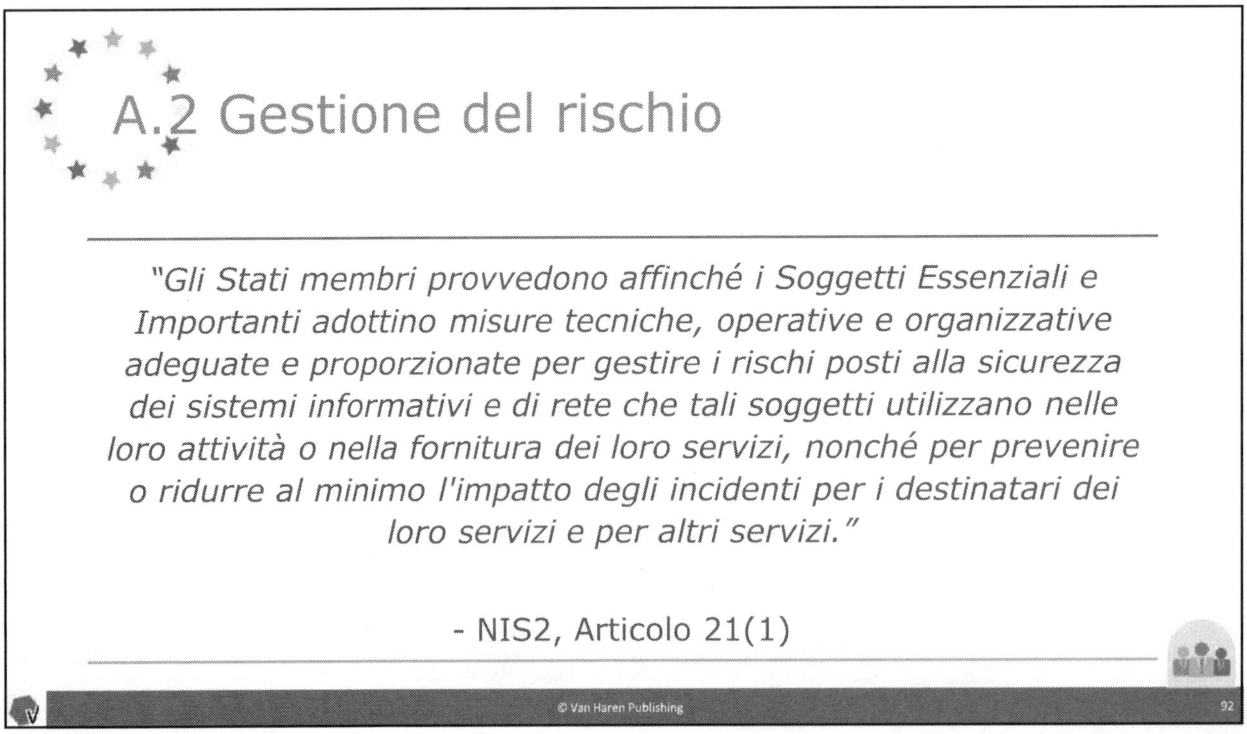
A.2 Gestione del rischio
"Gli Stati membri provvedono affinché i Soggetti Essenziali e Importanti adottino misure tecniche, operative e organizzative adeguate e proporzionate per gestire i rischi posti alla sicurezza dei sistemi informativi e di rete che tali soggetti utilizzano nelle loro attività o nella fornitura dei loro servizi, nonché per prevenire o ridurre al minimo l'impatto degli incidenti per i destinatari dei loro servizi e per altri servizi."
- NIS2, Articolo 21(1)
© Van Haren Publishing
92

A.2 Gestione del rischio

- Dovrebbe essere promossa e sviluppata una cultura della gestione del rischio (Considerando 77);
- Dovrebbero essere effettuate valutazioni del rischio;
- Le misure di gestione del rischio dovrebbero essere appropriate ai rischi affrontati;
- Appropriato implica che le misure rendano i rischi più accettabili;
- Le misure dovrebbero essere proporzionate ai rischi presentati (Considerando 81), tenendo conto di:
  - Lo stato dell'arte di tali misure;
  - Normative europee e internazionali pertinenti;
  - Il costo di attuazione.
- Proporzionato implica che le misure non dovrebbero costare più del beneficio che forniscono (Articolo 21(1)):
  - La riduzione dell'impatto è vista come un beneficio;
  - La riduzione include anche il beneficio per i destinatari dei tuoi servizi, prodotti o processi.

A.2 Valutazione del rischio

- Il Considerando 77 della NIS2 specifica la necessità di effettuare una valutazione del rischio;
- Il Considerando 79 sottolinea che la valutazione dovrebbe basarsi su un approccio multirischio, volto a proteggere la rete e i sistemi informativi e l'ambiente fisico di tali sistemi;
- Una valutazione del rischio consiste in tre fasi:
  - Identificazione del rischio;
  - Analisi del rischio;
  - Valutazione del rischio.

A.2 Identificazione, analisi e valutazione

- Identificazione del rischio
  - Determina quali minacce possono sfruttare le vulnerabilità nella tua organizzazione e quali eventi ne potrebbero derivare.
- Analisi del rischio
  - Identifica la probabilità di compromissione e i danni conseguenti;
  - L'Articolo 21(1) richiede un'analisi dell'impatto sui destinatari dei servizi e su altri servizi;
  - L'Articolo 21(1) richiede la considerazione dell'impatto sociale ed economico:
    - L'impatto sociale può essere identificato dal livello di malcontento pubblico;
    - L'impatto economico descrive l'impatto sul benessere pubblico causato dalle interruzioni nel funzionamento dell'economia;
    - Un'analisi del rischio sistemico aiuta a comprendere l'impatto sociale ed economico.
  - L'Articolo 2(2d) include i soggetti per i quali un'interruzione dei loro servizi potrebbe indurre un significativo rischio sistemico (indipendentemente dalla dimensione dei soggetti stessi).
- Valutazione del rischio
  - Dai priorità ai rischi in base alla loro importanza e al potenziale impatto.

 95

A.2 Trattamento del rischio

- Sei tenuto ad applicare almeno le misure descritte nell'Articolo 21(2):
  - Politiche di cybersicurezza;
  - Piano di gestione degli incidenti;
  - Piani di resilienza;
  - Sicurezza della catena di approvvigionamento;
  - Sicurezza nell'acquisizione, nello sviluppo e nella manutenzione dei sistemi informativi e delle reti;
  - Politiche e procedure per la valutazione dell'efficacia;
  - Pratiche di base per l'igiene informatica, comprese le attività di sensibilizzazione;
  - Politiche e procedure di crittografia e, ove appropriato, cifratura;
  - Sicurezza delle risorse umane;
  - Gestione degli accessi;
  - Gestione delle risorse (asset);
  - Utilizzo di sistemi di comunicazione sicuri.

 96

A.2 Rivedi le affermazioni

1. Sono stati identificati i rischi rilevanti per l'organizzazione nella sicurezza delle informazioni.

2. Sono stati valutati i rischi rilevanti per l'organizzazione nella sicurezza delle informazioni.

3. I rischi identificati sono stati valutati e la risposta a essi è stata classificata in ordine di priorità.

4. I trattamenti dei rischi soddisfano i requisiti dell'organizzazione e sono in linea con i requisiti del capitolo IV della NIS2.

 97

Politiche

Sezione A.3

COURSEWARE

§ 4.4 – 4.4.5.4, Annex F.3

A.3 Politica sulla Sicurezza delle Informazioni (Information Security Policy)

- Limitazioni e aspettative a livello elevato per rendere i rischi informatici accettabili;
- Gli elementi chiave di questa Politica sono:
  - Mandati da parte della direzione per implementare la Politica;
  - Requisiti per la gestione degli incidenti;
  - Restrizioni all'accesso e utilizzo dell'autenticazione a più fattori;
  - Requisiti di screening e uso accettabile delle risorse (asset);
  - Requisiti di gestione e protezione delle risorse (asset);
  - Requisiti di protezione per le informazioni in archivio, in uso e in transito;
  - Requisiti di protezione IT e cybersicurezza;
  - Requisiti di protezione fisica e ambientale;
  - Gestione e controllo delle terze parti;
  - Sicurezza nei viaggi.

 99

A.3 Codice di condotta/Politica di utilizzo

- Chiarisce le aspettative della direzione sul comportamento dei dipendenti e sul loro uso responsabile delle risorse;
- NIS2 non richiede esplicitamente che i soggetti abbiano un Codice di condotta, ma viene citato come un fattore mitigante per incidenti significativi e come parte delle pratiche di base per la cyber igiene (ad es. Considerando 89).
- Una Politica di utilizzo può essere parte del Codice di condotta.

- Gli elementi chiave sono:
  - Limitazioni sull'uso delle credenziali fisiche e logiche;
  - Supervisione dei visitatori;
  - Cura del luogo di lavoro;
  - Uso di beni personali e limitazioni all'uso personale dei beni dell'entità;
  - Requisiti di riservatezza;
  - Requisiti di notifica per incidenti e rischi;
  - Restrizioni su email, Internet, social media, registrazioni audio e video;
  - Restrizioni e requisiti per il lavoro remoto e l'accesso.

 100

A.3 Politica di Gestione del Rischio (Risk Management Policy)

- Definisce come la tua organizzazione identifica i rischi, li valuta e garantisce che diventino e rimangano accettabili;
- Devi avere Politiche per valutare l'efficacia delle misure di gestione del rischio informatico (Articolo 21(2f));
- Gli elementi chiave della Politica di gestione del rischio sono:
  - Conformità alla propensione al rischio definita e mandati sull'accettazione di rischi al di fuori della soglia di propensione al rischio;
  - Mandati per il responsabile del rischio;
  - Requisiti per i dipendenti di segnalare eventuali deviazioni scoperte dagli standard di rischio;
  - I metodi utilizzati per identificare i rischi, determinare il loro valore e trattare i rischi che non sono accettati;
  - I fattori scatenanti che avviano una revisione dei rischi;
  - Requisiti per comunicare le informazioni sui rischi ai proprietari del rischio;
  - Requisiti di monitoraggio per garantire l'individuazione precoce della necessità di rivalutare i rischi.

 101

A.3 Politica dei Sistemi Informativi (Information Systems Policy)

- Regole per la sicurezza dei sistemi informativi durante il loro ciclo di vita;
- La sicurezza dei sistemi informativi è la loro capacità di resistere, a un determinato livello di affidabilità, a qualsiasi evento che possa compromettere la sicurezza dei dati memorizzati, trasmessi o elaborati (inclusa l'autenticità), o dei servizi offerti da, o accessibili tramite, tali sistemi informativi (Articolo 6(2));
- Gli elementi chiave della Politica dei sistemi informativi sono:
  - Protezione dei sistemi informativi;
  - Obbligo di effettuare una valutazione del rischio e mandati per l'introduzione e il cambiamento dei sistemi informativi;
  - Requisiti per la gestione delle vulnerabilità, ad esempio scansioni di vulnerabilità, test di penetrazione e gestione delle patch;
  - Regole per lo sviluppo dei sistemi informativi;
  - Regole per il test di nuovi software, incluse patch, aggiornamenti e upgrade software, e l'uso di dati di test;
  - Registrazione e monitoraggio delle attività nei sistemi informativi;
  - Requisiti di autenticazione;
  - Requisiti per DPIA (Valutazioni di impatto sulla protezione dei dati) e DTIA (Valutazioni di impatto sul trasferimento di dati).

 102

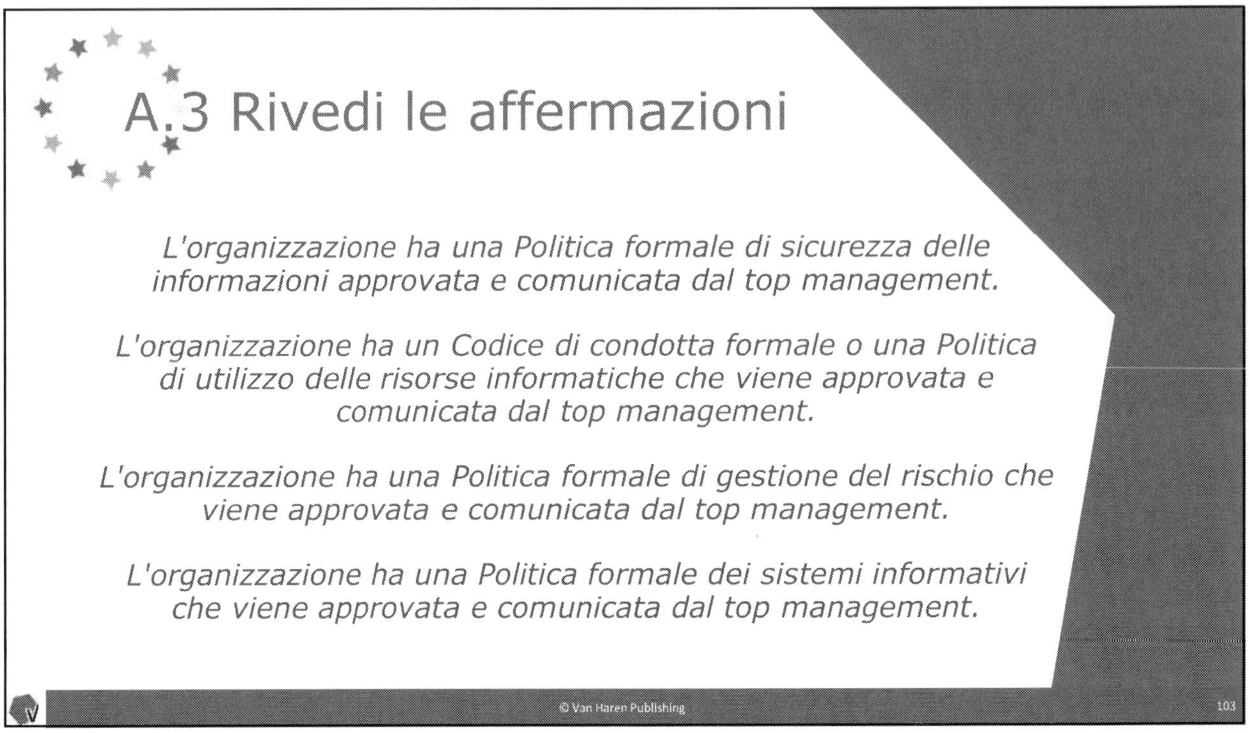
A.3 Rivedi le affermazioni
L'organizzazione ha una Politica formale di sicurezza delle informazioni approvata e comunicata dal top management.
L'organizzazione ha un Codice di condotta formale o una Politica di utilizzo delle risorse informatiche che viene approvata e comunicata dal top management.
L'organizzazione ha una Politica formale di gestione del rischio che viene approvata e comunicata dal top management.
L'organizzazione ha una Politica formale dei sistemi informativi che viene approvata e comunicata dal top management.
© Van Haren Publishing
103

Continuità Aziendale e Disaster Recovery
Sezione A.4
§ 4.4.5.5, 4.5 – 4.5.2, 4.7.2, Annex F.4
©2024 - Tutti i materiali di formazione sono di esclusiva proprietà di Van Haren Publishing BV e non possono essere riprodotti in alcuna forma o modalità senza autorizzazione scritta
COURSEWARE

A.4 Cyber-resilienza

"[...] La disponibilità di sistemi informatici e di rete cyberresilienti e la disponibilità, la riservatezza e l'integrità dei dati sono essenziali per la sicurezza dell'Unione e per la protezione dei suoi cittadini, delle sue imprese e delle sue istituzioni da incidenti e minacce informatiche, nonché per rafforzare la fiducia delle persone e delle organizzazioni nella capacità dell'Unione di promuovere e proteggere un cyberspazio globale, aperto, libero, stabile e sicuro basato sui diritti umani, le libertà fondamentali, la democrazia e lo Stato di diritto."

- NIS2, Considerando 70

 105

A.4 Pianificazione della resilienza

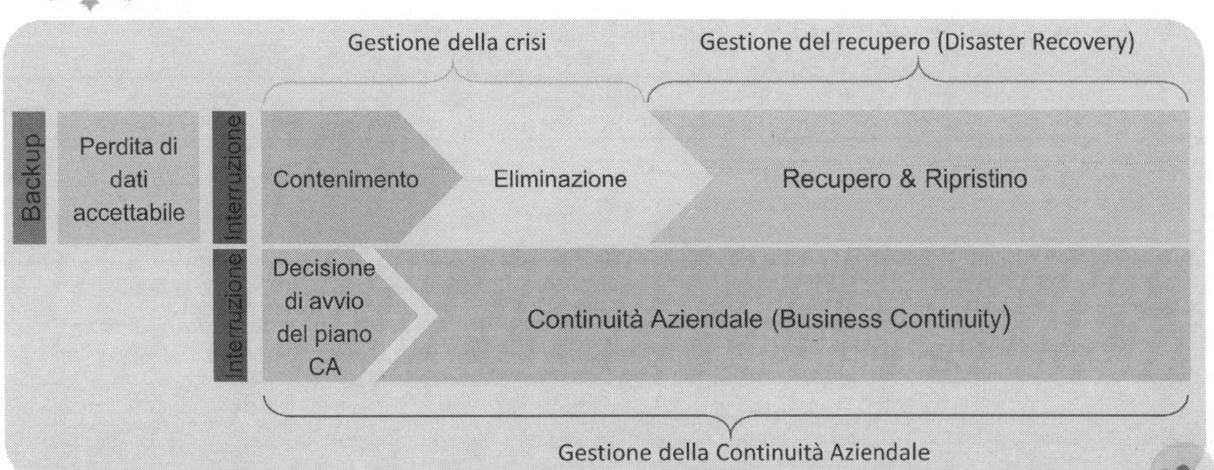

 106

A.4 Pianificazione della Continuità Aziendale

- Prepararsi a gestire le interruzioni;
- Rispondere in modo strutturato e organizzato;
- Informare gli stakeholder;
- Riprendere i processi critici almeno al livello necessario per sostenere l'attività;
- Recuperare alla normale operatività;
- Ripristinare le informazioni e i sistemi informativi fino al punto di ripristino accettabile.

- Elementi chiave di un Piano di continuità aziendale:
  - Valutazione dei rischi;
  - Analisi dell'impatto sull'azienda (BIA);
  - Piano di risposta agli incidenti;
  - Piano di risposta alle emergenze;
  - Piano di comunicazione;
  - Notifiche;
  - Piano di Disaster Recovery;
  - Piano di gestione della crisi;
  - Sistemi di backup;
  - Protezione dei dati;
  - Continuità della catena di approvvigionamento.

 107

A.4 BIA e Requisiti di personale

Analisi dell'impatto sull'azienda

(Business Impact Analysis - BIA)

- Determina la criticità dei processi;
- Fornisce un'idea di quanto a lungo l'organizzazione possa sopravvivere senza il recupero;
- Termini chiave in un'Analisi dell'Impatto sull'Azienda (BIA):
  - **Obiettivi di erogazione del Servizio** (Service Delivery Objectives - SDO)
    Obiettivi minimi di erogazione per rimanere operativi e rilevanti;
  - **Interruzione Massima Tollerabile** (Maximum Tolerable Outage - MTO)
    Il tempo massimo in cui l'organizzazione può sopravvivere senza processi completamente operativi;
  - **Obiettivi di Tempo di Ripristino** (Recovery Time Objectives - RTO)
    Il tempo assegnato per il recupero di processi e risorse;
  - **Obiettivi del Punto di Ripristino** (Recovery Point Objectives - RPO)
    La quantità di dati che si può accettare di perdere in modo irreversibile dopo un'interruzione. RPO è sempre espresso in unità di tempo.

Requisiti di personale

- La capacità e la competenza del personale devono essere sufficienti per svolgere i compiti richiesti;
- Alcune delle competenze chiave che devono essere presenti nei team includono:
  - La capacità di valutare il tipo e l'entità dell'interruzione e il potenziale impatto;
  - La capacità di svolgere i compiti stabiliti nel Piano di continuità aziendale (Business Continuity Plan - BCP);
  - La capacità di dare priorità ai compiti in base alle esigenze organizzative;
  - La capacità di monitorare gli effetti dell'interruzione;
  - La capacità di coordinare e monitorare la risposta dell'organizzazione.

 108

A.4 Gestione della crisi

- Il coordinamento di una risposta efficace e tempestiva a una crisi;
- L'obiettivo è evitare o minimizzare i danni;
- Un team di gestione della crisi è incaricato di:
  - Contenere l'interruzione;
  - Eliminare la causa della crisi.
- I team di gestione della crisi spesso assumono anche il ruolo esteso di supervisionare il recupero e il ripristino;
- Composizione del team di gestione della crisi:
  - Un leader o presidente prende decisioni sul contenimento e l'eliminazione dell'interruzione in corso;
  - Una segreteria o supporto amministrativo prende appunti, tiene traccia delle azioni e dei problemi aperti e resta in contatto con le parti coinvolte nella risposta;
  - Altre discipline possono far parte del team di gestione della crisi in base alle necessità, come finanza, legale, operazioni aziendali, IT e comunicazioni;
  - Il CISO o un membro dello staff di sicurezza informatica è spesso invitato a partecipare per fornire approfondimenti sui rischi informatici.

 109

A.4 Test e formazione

- Un piano non testato e senza addestramento non è affatto un piano;
- I test garantiscono che il piano soddisfi le esigenze dell'organizzazione;
- I test preparano le persone che devono eseguire il piano, in modo che possano svolgere al meglio i compiti durante un'interruzione;
- Esistono vari tipi di test che è opportuno eseguire:
  - Verifica delle checklist;
  - Revisione teorica ("a tavolino");
  - Simulazioni;
  - Test paralleli;
  - Test di interruzione completa.
- La formazione frequente aiuta a ridurre l'impatto delle interruzioni;
- La formazione potrebbe dover essere ripetuta a seguito dei cambiamenti di personale.

 110

A.4 Piano di Disaster Recovery
(Disaster Recovery Plan - DRP)

- Il disaster recovery è un approccio strategico e completo per ripristinare i processi critici alla normalità dopo un evento dirompente;
- L'obiettivo principale è ridurre al minimo i tempi di inattività e mitigare l'impatto sulle operazioni, sulla reputazione e sulla fiducia degli stakeholder;
- Un Piano di Disaster Recovery (DRP) descrive i passaggi che l'organizzazione intraprenderà per recuperare e ripristinare le funzioni aziendali critiche dopo un evento dirompente.
- I principali argomenti che devono essere affrontati nel DRP includono:
  - Procedure di risposta e attivazione;
  - Procedure di ripristino;
  - Recupero delle strutture e delle attrezzature;
  - Documentazione dell'infrastruttura e della tecnologia;
  - Valutazione post-recupero.

 111

A.4 Gestione dei Backup

- I backup ripristinano i sistemi informativi e i dati in essi contenuti per:
  - Recuperare le operazioni aziendali;
  - Visualizzare i sistemi informativi in un punto specifico nel tempo.
- Il periodo tra i backup è determinato dagli obiettivi definiti per il punto di ripristino (RPO - Recovery Point Objectives);
- Se i backup non possono soddisfare i requisiti degli RPO, devono essere adottate altre misure, come soluzioni di failover e ridondanze di sistema;
- I backup dovrebbero includere software e configurazioni oltre ai dati.
- La Politica di backup descrive il backup e il ripristino delle informazioni e dei sistemi informativi.
- Alcuni degli elementi tipici nella Politica di backup:
  - I backup devono consentire di ripristinare gli ambienti completamente o in parte;
  - Programmi di backup devono essere definiti sia per poter ripristinare in caso di interruzione sia per la conservazione dei dati a lungo termine;
  - I backup devono essere protetti in conformità con le classificazioni dei dati contenuti;
  - (Alcuni) backup devono essere memorizzati offline e off-site;
  - La possibilità di ripristino deve essere verificata attraverso test regolari dei backup;
  - L'accesso ai backup deve essere controllato.

 112

A.4 Rivedi le affermazioni – (BCP – Business Continuity Plan)

1. *L'organizzazione dispone di un Piano di continuità aziendale documentato che è stato esaminato e ritenuto idoneo dai responsabili dei processi critici.*
2. *L'organizzazione ha eseguito un'analisi di impatto aziendale che ha identificato tutti i processi critici per l'organizzazione o per il funzionamento dell'economia e della società. Ha definito i momenti critici in cui ha necessità di determinati risultati finali da tali processi, indipendentemente da qualsiasi interruzione, e la perdita di dati che è disposta ad accettare in caso di crisi.*
3. *L'organizzazione dispone del personale necessario per soddisfare i propositi del Piano di continuità aziendale e ne ha verificato la disponibilità.*
4. *L'organizzazione dispone di un team formale di gestione delle crisi che è capace, addestrato e si è esercitato su vari scenari di crisi.*

 113

A.4 Rivedi le affermazioni – (DRP – Disaster Recovery Plan)

5. *Il Piano di continuità aziendale viene testato e provato regolarmente da coloro che sono coinvolti nelle attività legate alla continuità durante una crisi.*
6. *Sono in atto, testati e provati piani di disaster recovery che descrivono il ripristino dell'organizzazione e dei suoi asset in una varietà di scenari identificati nel Piano di continuità aziendale.*
7. *L'organizzazione dispone di una Politica formale di backup che viene approvata e comunicata dalla direzione pertinente che ha il compito di prendere decisioni sui backup e può imporre le regole impostate nella Politica a coloro che devono rispettarla.*
8. *I backup vengono eseguiti in base alla frequenza e al contenuto richiesti dall'organizzazione e in linea con i requisiti di ripristino identificati nel piano di disaster recovery.*

 114

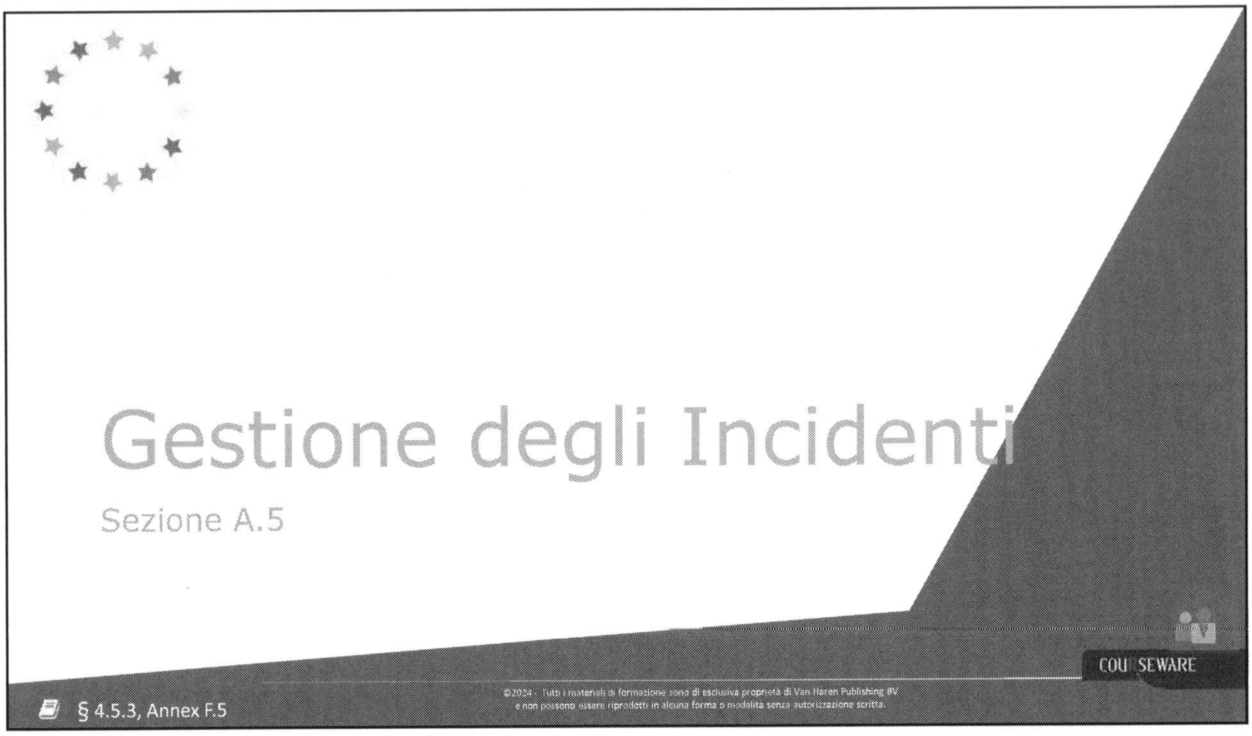
Gestione degli Incidenti
Sezione A.5
COURSEWARE
©2024 - Tutti i materiali di formazione sono di esclusiva proprietà di Van Haren Publishing BV e non possono essere riprodotti in alcuna forma o modalità senza autorizzazione scritta.
§ 4.5.3, Annex F.5

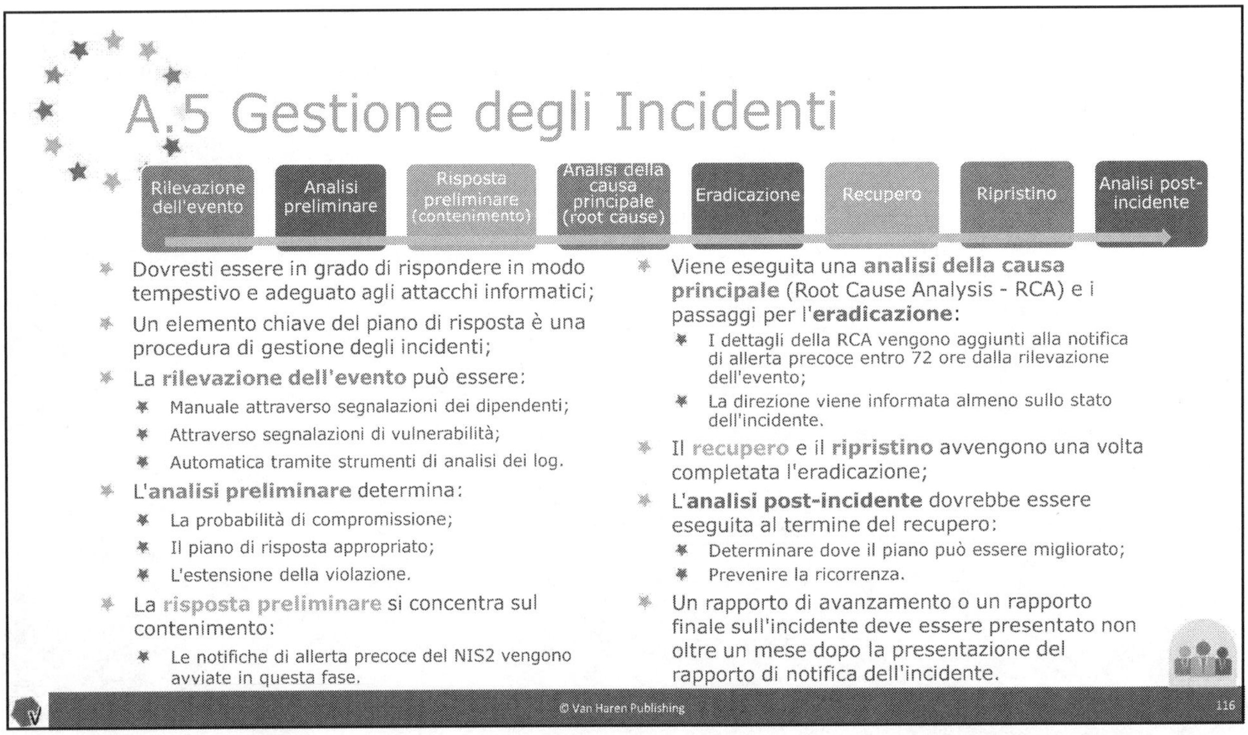
A.5 Gestione degli Incidenti
Rilevazione dell'evento
Analisi preliminare
Risposta preliminare (contenimento)
Analisi della causa principale (root cause)
Eradicazione
Recupero
Ripristino
Analisi post-incidente
Dovresti essere in grado di rispondere in modo tempestivo e adeguato agli attacchi informatici;
Un elemento chiave del piano di risposta è una procedura di gestione degli incidenti;
La rilevazione dell'evento può essere:
Manuale attraverso segnalazioni dei dipendenti;
Attraverso segnalazioni di vulnerabilità;
Automatica tramite strumenti di analisi dei log.
L'analisi preliminare determina:
La probabilità di compromissione;
Il piano di risposta appropriato;
L'estensione della violazione.
La risposta preliminare si concentra sul contenimento:
Le notifiche di allerta precoce del NIS2 vengono avviate in questa fase.
Viene eseguita una analisi della causa principale (Root Cause Analysis - RCA) e i passaggi per l'eradicazione:
I dettagli della RCA vengono aggiunti alla notifica di allerta precoce entro 72 ore dalla rilevazione dell'evento;
La direzione viene informata almeno sullo stato dell'incidente.
Il recupero e il ripristino avvengono una volta completata l'eradicazione;
L'analisi post-incidente dovrebbe essere eseguita al termine del recupero:
Determinare dove il piano può essere migliorato;
Prevenire la ricorrenza.
Un rapporto di avanzamento o un rapporto finale sull'incidente deve essere presentato non oltre un mese dopo la presentazione del rapporto di notifica dell'incidente.
© Van Haren Publishing
116

A.5 Rilevazione e Risposta

- SIEM: Security Information and Event Management (Gestione delle informazioni e degli eventi di sicurezza)
  - I sistemi SIEM raccolgono i log per rilevare anomalie basate su indicatori di rischio definiti;
  - I rapporti provenienti da un SIEM devono essere verificati e generare una risposta.
- Rilevazione e Risposta
  - La rilevazione e la risposta tempestive e accurate sono principi dell'approccio "zero-trust";
  - L'EDR (Endpoint Detection and Response - Rilevamento e risposta degli endpoint) monitora continuamente i dispositivi degli utenti finali per rilevare e rispondere a minacce informatiche come ransomware e malware.
  - NDR (Network Detection & Response - Rilevamento e risposta della rete) monitora e analizza il traffico di rete per la rilevazione e la risposta a minacce informatiche.
- SOAR: Security Orchestration and Automated Response (Orchestrazione della sicurezza e risposta automatizzata) lavora con l'EDR e l'NDR per semplificare le risposte automatiche;
- Il SOAR fornisce quanto segue:
  - Risposta automatizzata attraverso vari strumenti e processi di sicurezza basati sugli input di EDR e NDR;
  - Consolidamento e correlazione degli input di EDR e NDR.
- Risposte predefinite a incidenti specifici consentono una risposta rapida, riducendo l'impatto;
- Condividere informazioni con fonti esterne, feed di intelligence sulle minacce e dati storici, consente una rilevazione precoce e una prevenzione ottimale;
- Il SOAR aumenta significativamente la tua capacità di rispondere in modo rapido e accurato senza la necessità di grandi team di sicurezza.

© Van Haren Publishing 117

A.5 Rivedi le affermazioni

1. *L'organizzazione dispone di procedure di gestione degli incidenti che facilitano l'identificazione, l'analisi, il contenimento, l'eradicazione, il ripristino e il recupero degli incidenti.*
2. *L'organizzazione dispone di un processo di analisi post-incidente per imparare dagli incidenti e prevenirne il ripetersi.*
3. *L'organizzazione dispone di un protocollo e di capacità adeguate disponibili per la risposta forense agli incidenti.*
4. *I piani di risposta agli incidenti vengono testati regolarmente e i risultati vengono applicati per migliorare i piani.*

© Van Haren Publishing 118

A.5 Rivedi le affermazioni

5. *L'organizzazione dispone di sistemi o servizi che monitorano continuamente la propria rete e i sistemi informativi e la avvisano di eventuali attività o eventi insoliti.*
6. *L'organizzazione dispone di strumenti di rilevamento e risposta sulla rete e sugli endpoint che consentono il rilevamento precoce e risposte automatiche rapide.*
7. *Sono in atto procedure per garantire che l'organizzazione soddisfi i requisiti di segnalazione NIS2 ai CSIRT o alle autorità competenti per gli allarmi precoci, le notifiche, le relazioni sui progressi e le relazioni finali.*
8. *È stato preparato un protocollo per informare senza indugio i destinatari dei servizi dell'organizzazione di qualsiasi incidente significativo, potenziali misure e rimedi e la minaccia informatica che ha causato l'incidente.*

§ x.x

119

Gestione Sicura del ciclo di vita dei Sistemi

Sezione A.6

COURSEWARE

§ 4.6.5, Annex F.6

A.6 Gestione Sicura del ciclo di vita dei Sistemi

- L'Articolo 21(2e) richiede di applicare la sicurezza nei sistemi informativi e di rete durante tutto il loro ciclo di vita;
- La NIS2 esprime preoccupazione per la sicurezza fin dalla progettazione e per impostazione predefinita (Considerando 98 e 104);
- Il Considerando 51 si riferisce alla privacy fin dalla progettazione in conformità al GDPR.
- I sistemi dovrebbero essere testati prima di essere messi in produzione, come ad esempio:
  - Static Application Security Testing (SAST);
  - Dynamic Application Security Testing (DAST) - menzionato nei Considerando 86 e 87;
  - Test di resilienza - riferimento nel Considerando 85;
  - Test di integrazione.
- Il deployment dovrebbe essere controllato attraverso procedure di gestione delle modifiche (change enablement / change management).

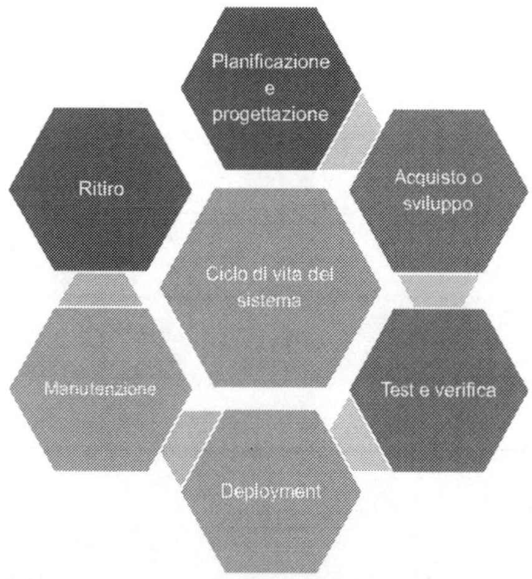

 121

A.6 Gestione Sicura del ciclo di vita dei Sistemi

- Il controllo sullo sviluppo è essenziale. Questo controllo dovrebbe riguardare:
  - La protezione della proprietà intellettuale e dei risultati della ricerca (Considerando 36);
  - La conformità alle procedure formali di sviluppo sicuro (Articolo 21(3));
  - La certificazione secondo uno schema di certificazione europea per la cybersecurity (Articolo 24(1));
  - La protezione del codice sorgente attraverso restrizioni di accesso, crittografia e backup;
  - Limitazioni sull'uso dei dati di produzione (ad esempio, requisiti GDPR);
  - La segregazione tra reti di produzione e di sviluppo;
  - La protezione della rete di sviluppo e dei sistemi informativi.

 122

A.6 Rivedi le affermazioni

1. *L'organizzazione ha applicato sia la sicurezza che la privacy fin dalla progettazione e per impostazione predefinita, in cui sia la sicurezza che la privacy sono integrate in modo ottimale nella progettazione dei sistemi che sviluppa e acquisisce e le configurazioni sono impostate su una protezione ottimale per impostazione predefinita.*
2. *Negli ambienti di sviluppo, i dati sono protetti e l'uso dei dati di produzione è vietato.*
3. *I sistemi europei di certificazione della cybersicurezza sono valutati e applicati, ove applicabile.*
4. *L'ambiente di sviluppo è controllato nella misura in cui dispone di adeguate misure di sicurezza, è indipendente dall'ambiente di produzione e le operazioni sono formalizzate.*
5. *I nuovi sistemi e le modifiche ai sistemi vengono testati in modo approfondito prima di essere implementati in produzione.*
6. *Tutti gli asset vengono mantenuti durante tutto il loro ciclo di vita e vengono smaltiti in modo sicuro alla fine del ciclo di vita.*

123

Sicurezza delle Risorse Umane

Sezione A.7

COURSEWARE

§ 4.6.3, Annex F.7

A.7 Processi per i nuovi assunti, i trasferimenti e i dimissionari

- La sicurezza delle risorse umane è un requisito dell'Articolo 21(2i);
- La sicurezza delle risorse umane dovrebbe essere coerente con il CER (Considerando 79);
- I criteri del CER si concentrano sui nuovi assunti;
- L'Articolo 13(1e) del CER richiede di identificare le categorie di personale che esercitano funzioni critiche;
- I diritti di accesso ai locali, infrastrutture critiche e informazioni sensibili dovrebbero essere identificati per ciascuna categoria;
- Dovrebbero essere identificate appropriate esigenze di formazione e qualificazione;
- I controlli dei precedenti devono essere proporzionati ai rischi dell'organizzazione e includere:
  - La conferma dell'identità della persona;
  - Un controllo dei precedenti penali relativi a reati che potrebbero essere rilevanti per una posizione specifica.
- Un trasferimento può comportare differenti diritti di accesso e rischi per la sicurezza di cui la persona deve essere informata;
- Le risorse dell'organizzazione devono essere restituite al momento della cessazione del rapporto di lavoro;
- I dati dell'organizzazione su dispositivi personali devono essere cancellati;
- I diritti di accesso devono essere revocati quando una persona lascia l'organizzazione.

 125

A.7 Rivedi le affermazioni

1. *Tutti coloro che sono stati inseriti per supportare l'organizzazione nella fornitura dei suoi servizi o prodotti sono stati sottoposti a controlli appropriati e gli sono stati forniti un accesso adeguato e istruzioni su come utilizzare tale accesso in modo sicuro.*

2. *I cambiamenti nei ruoli e nelle responsabilità dei dipendenti sono gestiti per garantire che i rischi associati al cambiamento siano accettati e che tutti gli accessi derivanti dai ruoli e dalle responsabilità precedenti che non sono più necessari siano revocati.*

3. *Gli account delle persone che lasciano l'organizzazione vengono gestiti per garantire che il loro accesso venga revocato e che le loro risorse contenenti informazioni sull'organizzazione vengano recuperate o eliminate.*

 126

Sicurezza della Catena di approvvigionamento

Sezione A.8

§ 4.6.4, Annex F.8

COURSEWARE

A.8 Sicurezza della Catena di approvvigionamento

- L'aumento degli attacchi alla catena di approvvigionamento (supply chain), in combinazione con l'esponenziale incremento degli attacchi ransomware, è motivo di preoccupazione nell'UE (Considerando 54);
- Valuta la cybersecurity dei prodotti e dei servizi e le pratiche di cybersicurezza dei tuoi fornitori e prestatori di servizi critici (Considerando 85);
- Determina la criticità della supply chain e dei loro servizi ICT, sistemi ICT o prodotti ICT attraverso i criteri forniti nel Considerando 91:
  - Quanto ti affidi a loro;
  - La loro rilevanza per l'esecuzione di funzioni critiche o sensibili, inclusa l'elaborazione di dati personali;
  - La disponibilità di alternative;
  - La resilienza dell'intera catena di approvvigionamento;
  - Per i servizi ICT emergenti, i sistemi ICT o i prodotti ICT, la loro importanza futura per te.
- La sicurezza della supply chain può essere suddivisa in approvvigionamento, gestione dei contratti e gestione delle relazioni.

 128

A.8 Approvvigionamento

- L'Articolo 21(2d) richiede di:
  - Eseguire un'analisi dei requisiti di sicurezza dei prodotti, servizi, sistemi ICT e dei loro fornitori;
  - Includere requisiti di sicurezza della catena di approvvigionamento ulteriore.
- L'Articolo 21(3) richiede di eseguire una valutazione del rischio dei terzi. Valuta:
  - La qualità complessiva del prodotto;
  - Le pratiche generali di cybersicurezza;
  - Le vulnerabilità specifiche del fornitore.
- Gli Stati membri possono richiedere l'uso di prodotti ICT, servizi ICT o processi ICT certificati (Articolo 24(1));
- Verifica i tuoi requisiti con l'offerta dei potenziali fornitori (ad es. con un processo RFP).
- La Commissione può introdurre atti supplementari (Articolo 24(2)) che richiedono di:
  - Utilizzare prodotti, servizi e processi ICT specifici; oppure
  - Certificare prodotti, servizi e processi ICT specifici che utilizzi.

 129

A.8 Gestione dei contratti e delle relazioni

Gestione dei contratti

- Incorpora gli impegni assunti nella RFP;
- Il tuo fornitore terzo dovrebbe imporre misure simili nei contratti con i propri fornitori, incluso l'obbligo di imporre misure simili nei contratti con i loro fornitori (Considerando 85);
- Clausole contrattuali essenziali:
  - Requisiti di notifica e segnalazione;
  - Riservatezza e protezione della proprietà intellettuale;
  - Requisiti di sicurezza;
  - Diritto di audit;
  - Clausola di uscita (recesso e risoluzione).

Gestione delle relazioni

- Le relazioni con i terzi devono essere gestite durante tutto il ciclo di vita del contratto;
- Affronta gli aspetti legati alla sicurezza riguardanti le relazioni tra te e i tuoi fornitori o prestatori di servizi diretti (Articolo 21(2d)).

 130

A.8 Rivedi le affermazioni

1. *I fornitori attuali e le loro catene di approvvigionamento vengono identificati, classificati e gestiti.*
2. *I prodotti e i servizi vengono formalmente acquistati in base alle esigenze e ai requisiti dell'organizzazione, inclusi i requisiti di sicurezza.*
3. *Tutti i contratti trattano problemi di sicurezza, diritti di audit, condizioni di recesso e risoluzione, obblighi di segnalazione e chiarimenti sulla responsabilità sia per il fornitore che per la catena di approvvigionamento sottostante.*
4. *Tutti i rapporti con i fornitori sono attivamente mantenuti e valutati per garantire che i rischi che comportano siano controllati e che i termini dell'accordo siano rispettati.*

 131

Gestione degli asset e gestione delle vulnerabilità

Sezione A.9

COURSEWARE

§ 4.6.6, 4.6.7, 4.7.5, Annex F.9

A.9 Gestione delle vulnerabilità

L'identificazione e la correzione rapida delle vulnerabilità riducono significativamente la possibilità di interruzioni e l'impatto conseguente.

Creare una procedura per ricevere informazioni sulle vulnerabilità da terze parti (Considerando 58)

Inizia monitorando le fonti di informazioni sulle vulnerabilità ed esegui scansioni del tuo ambiente per individuare eventuali vulnerabilità

Monitorare sia le fonti pubbliche che quelle non pubbliche per eventuali cambiamenti nei panorami di minaccia e vulnerabilità

Monitorare le vulnerabilità specifiche di ciascun fornitore diretto e prestatore di servizi (Articolo 21(3))

Puoi chiedere al tuo CSIRT di effettuare una scansione proattiva del tuo ambiente (Articolo 11(3e))

La risposta più comune è la gestione delle patch

Se una vulnerabilità segnalata non può essere corretta, le autorità competenti o gli CSIRT possono fornire indicazioni sulla mitigazione. (Articolo 12(2c))

 133

A.9 Divulgazione Coordinata delle Vulnerabilità (Coordinated Vulnerability Disclosure - CVD)

- Un processo definito attraverso il quale le vulnerabilità vengono segnalate al produttore o al fornitore;
- Descrive il modo in cui le segnalazioni possono essere inviate e sotto quali condizioni;
- È strutturato per consentire al destinatario di verificare, diagnosticare e rimediare facilmente al problema;
- Il processo di Divulgazione Coordinata delle Vulnerabilità (CVD) dovrebbe includere anche la coordinazione sui tempi di rimedio e pubblicazione delle vulnerabilità a terzi o al pubblico (Considerando 58);
- La divulgazione non dovrebbe avere effetti dannosi sulla persona fisica o giuridica che effettua la segnalazione (Considerando 62);
- Su richiesta di una delle parti, lo CSIRT agirà come intermediario, facilitando l'interazione tra la parte che segnala una vulnerabilità e il produttore o fornitore dell'asset vulnerabile (Articolo 12(1));
- La tua organizzazione dovrebbe avere in atto sia un processo di gestione che di segnalazione CVD (Articolo 21(2e));
- Il processo di gestione segue i passaggi di gestione degli incidenti;
- Un buon approccio al processo di segnalazione è implementare un file security.txt.

 134

A.9 Security.txt

- Crea un file di testo chiamato security.txt nella directory .well-known del tuo sito web. Questo file contiene le seguenti informazioni:
- **RECORD OBBLIGATORI**
  - **Contatto**: Un link o un indirizzo e-mail per contattarti riguardo a problemi di sicurezza. Includi "mailto:" per le e-mail. Puoi aggiungere più record di contatto (ad esempio, per diversi modi di contattarti);
  - **Scadenza**: La data e l'ora in cui il contenuto del file security.txt dovrebbe essere considerato obsoleto. Il formato della data segue lo standard ISO 8601, che appare così: 2021-12-31T18:37:07.000Z.
- **RECORD OPZIONALI**
  - **Crittografia**: Un link a una chiave che i ricercatori di sicurezza dovrebbero utilizzare per contattarti in modo sicuro.
  - **Riconoscimenti**: Un link a una pagina web dove ringrazi i ricercatori di sicurezza che ti hanno aiutato.
  - **Lingue preferite**: Un elenco separato da virgole dei codici linguistici parlati dal tuo team di sicurezza.
  - **Canonico**: Gli URL per accedere al tuo file security.txt. È importante includerli se stai firmando digitalmente il file security.txt, in modo che anche la posizione del file security.txt possa essere firmata digitalmente.
  - **Politica**: Un link a una politica che dettagli cosa dovrebbero fare i ricercatori di sicurezza quando cercano o segnalano problemi.
  - **Assunzioni**: Un link a eventuali posizioni lavorative legate alla sicurezza nella tua organizzazione.
  - **CSAF**: Un link al provider-metadata.json del tuo fornitore CSAF (Common Security Advisory Framework).
- Ricorda di includere "https://" per tutti i link che inserisci nel file.

 135

A.9 Gestione degli asset

- La gestione degli asset è richiesta nell'Articolo 21(2i);
- La gestione degli asset è essenziale per l'identificazione dei rischi;
- **Registrazione**
  - Identificazione attraverso sistemi di rilevamento automatizzati;
  - Includere le posizioni fisiche, gli ambienti cloud e i segmenti di rete non scansionati utilizzando gli strumenti di rilevamento.
- **Protezione**
  - Approccio multirischio.
  - Proteggere gli asset e il loro ambiente fisico contro guasti di sistema, errori umani, atti malevoli e fenomeni naturali (alla luce del Considerando 79);
  - Utilizzare standard europei e internazionali come la serie ISO 27000 come base per i controlli.
- **Distribuzione**
  - Le posizioni devono essere documentate;
  - Le condizioni di utilizzo devono essere comprese da coloro che gestiscono l'asset.
- **Manutenzione**
  - Mantenere l'efficacia e la disponibilità;
  - Monitorare il valore dell'asset per allineare la manutenzione e l'accettazione del rischio.
- **Riciclaggio e dismissione**
  - Gli asset riutilizzati o dismessi devono essere ripuliti dalle informazioni sensibili;
  - Considerare la distruzione sicura dell'asset se la cancellazione non è praticabile.

 136

A.9 Rivedi le affermazioni

1. *L'organizzazione dispone di una panoramica completa e aggiornata di tutte le risorse che possono contenere informazioni, tra cui hardware, software, postazioni fisiche e soluzioni cloud.*

2. *La protezione delle risorse dell'organizzazione include un approccio multirischio in cui sia gli aspetti digitali sia quelli fisici delle risorse sono protetti da violazioni di riservatezza, integrità, disponibilità e autenticità.*

3. *Esiste un processo che gestisce l'identificazione di tutte le vulnerabilità comunicate da fonti pubbliche, nonché da fonti che informano direttamente l'organizzazione.*

4. *Tutte le risorse vengono scansionate alla ricerca di vulnerabilità e monitorate per potenziali compromissioni. Le vulnerabilità rilevate vengono analizzate rispetto alle potenziali minacce.*

 137

Crittografia & Cifratura

Sezione A.10

COURSEWARE

§ 4.4.5.7, 4.6.2, 4.7.4, Annex F.10

A.10 Crittografia

L'Articolo 21(2h) stabilisce che devi avere "Politiche e procedure relative all'uso della crittografia e, se del caso, della cifratura"

Lo studio che si occupa di nascondere informazioni utilizzando codici segreti.

La Politica di crittografia descrive:

- Le condizioni alle quali le tecniche crittografiche sono richieste;
- Come queste tecniche devono essere mantenute;
- Quali tipi di crittografia sono consentiti.

La procedura per l'uso della crittografia definisce l'uso della crittografia.

 139

A.10 Cifratura

- L'Articolo 21(2h) richiede di considerare la cifratura dove appropriato;
- La cifratura end-to-end dovrebbe essere utilizzata per salvaguardare la sicurezza delle reti di comunicazione elettronica pubbliche e dei servizi di comunicazione elettronica pubblicamente disponibili (Considerando 98);
- I fornitori di reti di comunicazione elettronica pubbliche o di servizi di comunicazione elettronica pubblicamente disponibili informano i loro clienti di minacce informatiche significative e delle misure che possono adottare, ad esempio utilizzando tecnologie di cifratura (Considerando 104);
- Cifratura delle informazioni memorizzate
  - La cifratura dei dati memorizzati serve a salvaguardare le informazioni sensibili dell'organizzazione contro l'accesso non autorizzato.
- Cifratura delle informazioni in transito
  - La cifratura durante le trasmissioni di dati protegge le informazioni mentre viaggiano attraverso le reti;
  - La cifratura delle informazioni in transito salvaguarda da attacchi man-in-the-middle.
- Cifratura delle informazioni in uso
  - Protegge le informazioni mentre vengono attivamente elaborate o utilizzate dalle applicazioni, prevenendo attacchi che mirano alle informazioni presenti nella memoria del computer.

 140

A.10 Rivedi le affermazioni

1. *L'organizzazione dispone di una Politica di crittografia formale approvata e comunicata dalla direzione che ha il compito di prendere decisioni sulla crittografia e sulla cifratura e può imporre le regole impostate nella Politica a coloro che devono rispettarla.*
2. *L'organizzazione dispone di procedure che descrivono l'applicazione sicura della crittografia, incluso quando utilizzare la crittografia e cosa fare se si sospetta la compromissione delle chiavi crittografiche.*
3. *L'organizzazione ha valutato dove applicare la cifratura nell'organizzazione e ha verificato che venga utilizzata in tutte le situazioni di inattività, in transito e in uso.*

 141

Gestione degli Accessi

Sezione A.11

§ 4.4.5.8, 4.4.5.9, 4.7.1, 4.7.3.2, Annex F.11

COURSEWARE

A.11 Controllo degli accessi

- L'Articolo 21(2i) richiede Politiche di controllo degli accessi;
- L'Articolo 21(2g) combinato con il Considerando 49 richiede una Politica sulle password;
- Spesso la Politica di controllo degli accessi è integrata con la Politica sulle password;
- Il controllo degli accessi stabilisce chi è autorizzato ad accedere a specifiche informazioni e sistemi informatici e in quali condizioni viene concesso l'accesso;
- I Considerandoi 49 e 79 fanno riferimento a restrizioni per gli account amministratori e prendono in considerazione l'accesso fisico;
- Le dichiarazioni relative alla Politica di accesso possono essere interpretate dal punto di vista del controllo degli accessi fisici e del controllo degli accessi logici.
- Alcuni elementi della Politica sono:
  - Rivedere regolarmente i diritti di accesso;
  - Utilizzare account separati per i diritti di accesso amministratori;
  - Monitorare e registrare l'uso degli account;
  - Fornire l'accesso solo in base alla necessità;
  - Rimuovere automaticamente i diritti di accesso temporanei;
  - Non condividere mai i dettagli di autenticazione;
  - Definire la complessità delle password in base alla classificazione dei dati accessibili;
  - Utilizzare l'autenticazione a più fattori (MFA) su infrastrutture pubbliche come Internet;
  - Definire la lunghezza, la complessità, la scadenza, la deducibilità delle password e il numero massimo di tentativi di accesso;
  - Considerare le restrizioni legali sull'uso di metodi di autenticazione come i dati biometrici.

 143

A.11 PAM, MFA, Autenticazione Continua

- **Gestione degli Accessi Privilegiati (Privileged Access Management - PAM)**
  - Il Considerando 49 afferma la necessità di limitare gli account con accesso a livello di amministratore;
  - PAM (Privileged Access Management) è una misura che facilita tali limitazioni in linea con i principi del "zero-trust".
  - Il PAM viene utilizzato principalmente per concessioni temporanee di privilegi elevati e offre il vantaggio che un utente non ha accesso privilegiato a meno che non sia necessario in un determinato momento.
- **Autenticazione multi-fattore (Multi-factor authentication - MFA)**
  - L'Articolo 21(2j) richiede l'uso dell'autenticazione multi-fattore (MFA);
  - Esistono tre fattori principali riconosciuti: Cosa sai (ad esempio, una password), Cosa hai (ad esempio, un token o uno smartphone), Cosa sei (ad esempio, l'impronta digitale o altre caratteristiche biometriche);
  - La MFA non è la stessa cosa dell'autenticazione a più passaggi, in cui i livelli di autenticazione possono essere basati sullo stesso fattore (ad esempio, l'uso di due password diverse).
- **Autenticazione Continua**
  - L'Articolo 21(2j) specifica l'autenticazione continua come alternativa all'autenticazione multi-fattore (MFA);
  - L'autenticazione continua fornisce una conferma dell'identità in modo costante;
  - Essa impara a distinguere tra comportamenti normali e anomali;
  - Un comportamento anomalo innesca una nuova autenticazione, spesso utilizzando la MFA;
  - Non si tratta di un'alternativa alla MFA, ma piuttosto di un'estensione della stessa.

 144

A.11 Controllo dell'accesso alla rete (Network Access Control - NAC)

- Si allinea ai principi del zero-trust;
- Limita l'accesso alla rete;
- Evita l'accesso alla rete di sistemi non autorizzati e di sistemi non adeguatamente protetti;
- Esempi di funzionalità che il NAC può verificare includono:
  - La presenza di un'immagine di installazione aziendale;
  - La presenza di protezione malware aggiornata;
  - Il livello di patch del sistema operativo;
  - Un certificato sul dispositivo;
  - L'indirizzo MAC;
  - La presenza di credenziali utente esterne.
- Il NAC consentirà una connessione alla rete se tutte le verifiche soddisfano i requisiti definiti;
- Può consentire una connessione a Internet per permettere al sistema di aggiornare il livello di patch e la protezione malware.

 145

A.11 Rivedi le affermazioni – accesso

1. *L'organizzazione dispone di una Politica formale di controllo degli accessi approvata e comunicata dalla direzione che ha il compito di prendere decisioni sulle condizioni in base alle quali l'accesso può essere concesso e su come controllare l'accesso concesso e può imporre le regole stabilite nella Politica a coloro che devono rispettarla.*
2. *L'organizzazione ha implementato controlli di accesso sia fisici sia logici per proteggere le risorse di tutti i processi critici.*
3. *L'organizzazione monitora l'utilizzo degli accessi e rivede continuamente i diritti di accesso utilizzando un processo formale di controllo degli accessi.*
4. *L'organizzazione limita i diritti di accesso con privilegi agli account con privilegi dedicati, ad esempio gli account amministratore, e limita l'accesso a tali account solo a un gruppo selezionato di persone che richiedono i diritti per scopi autorizzati.*

 146

A.11 Rivedi le affermazioni – autenticazione

5. *L'organizzazione ha implementato e applicato l'autenticazione a più fattori per tutte le reti e i sistemi informativi quando si accede tramite infrastrutture pubbliche come Internet e l'organizzazione ha implementato e applicato l'autenticazione a più fattori o l'autenticazione continua per tutte le reti e i sistemi informativi critici per l'organizzazione, indipendentemente dal punto di accesso.*

6. *L'organizzazione dispone di una Politica formale per le password approvata e comunicata dalla direzione che ha il compito di prendere decisioni sulla Politica delle password e che può imporre le regole impostate nella Politica a coloro che devono rispettarla.*

7. *L'organizzazione ha impostato restrizioni di accesso alla rete in modo che solo i dispositivi autorizzati possano connettersi.*

 147

Igiene informatica di base

Sezione A.12

COURSEWARE

§ 4.2, 4.7.3, Annex F.12

A.12 Principi zero-trust

- L'Articolo 21(2g) della NIS2 richiede di adottare pratiche di base di igiene informatica.
- Il Considerando 89 collega l'igiene informatica di base a:
  - Principi zero-trust;
  - Aggiornamenti del software;
  - Configurazione dei dispositivi;
  - Segmentazione della rete;
  - Gestione delle identità e degli accessi;
  - Consapevolezza degli utenti.
- I principi fondamentali del modello zero-trust possono essere descritti come segue:
  - **Presumi che la rete sia sempre insicura** La segmentazione della rete è un controllo adeguato.
  - **Riconosci che potresti non sapere se minacce interne o esterne sono attive sulla tua rete** Utilizza il monitoraggio e la gestione degli incidenti per affrontare questo principio.
  - **La posizione e la localizzazione sono fattori insufficienti per determinare la fiducia** Utilizza il Controllo dell'Accesso alla Rete (NAC).
  - **La verifica delle identità deve essere forte e gestita just-in-time** Usa tecnologie come Accesso Privilegiato, Autenticazione Multi-Fattore e Autenticazione Continua.
  - **Monitora l'intero ambiente e rispondi in modo dinamico** Le tecnologie che supportano questo sono EDR, NDR, XDR, SIEM e SOAR.

© Van Haren Publishing 149

A.12 Aggiornamento del software e Gestione delle patch

- Applica la gestione delle patch e controlla la distribuzione degli aggiornamenti
- Idealmente, applica restrizioni di accesso, patching e aggiornamenti tramite mezzi automatizzati
- Collauda tutti gli aggiornamenti e le patch prima del rilascio
- Segui le normali procedure di gestione dei cambiamenti durante il deployment nell'ambiente di produzione

© Van Haren Publishing 150

A.12 Gestione della Configurazione dei dispositivi

- Utilizza configurazioni standard per i tuoi dispositivi per garantire la coerenza nell'intero ambiente IT;
- Includi il rafforzamento ("hardening") per una configurazione sicura ottimale delle tue reti e dei tuoi sistemi informativi;
- Configura i dispositivi che elaborano dati sensibili per crittografare i dati a riposo e in transito;
- Configura appropriatamente la registrazione (log) delle attività dei dispositivi.

A.12 Formazione sulla cybersicurezza

"Gli Stati membri provvedono affinché i membri dell'organo di gestione dei soggetti essenziali e importanti siano tenuti a seguire una formazione e incoraggiano i soggetti essenziali e importanti a offrire periodicamente una formazione analoga ai loro dipendenti, per far sì che questi acquisiscano conoscenze e competenze sufficienti al fine di individuare i rischi e valutare le pratiche di gestione dei rischi di cybersicurezza e il loro impatto sui servizi offerti dal soggetto."

- NIS2, Articolo 20(2)

A.12 Formazione sulla cybersicurezza

- La direzione deve essere formata in materia di cybersicurezza;
- La direzione deve acquisire conoscenze e competenze sufficienti per prendere decisioni informate sui rischi nel dominio della cybersicurezza;
- L'Articolo 20(2) raccomanda che i dipendenti siano formati a un livello pertinente al loro ruolo nell'organizzazione;
- Il Considerando 89 specifica i seguenti componenti da includere:
  - Consapevolezza delle minacce informatiche;
  - Phishing;
  - Tecniche di ingegneria sociale.
- La formazione sulla consapevolezza è parte della igiene informatica di base richiesta dall'Articolo 21(2g);
- Documentare le regole sull'igiene informatica di base in una Politica, come ad esempio la Politica di utilizzo.

EU-OCI

CNIS2 Professional

Certified by Van Haren CERTIFY

 153

A.12 Specifiche della formazione sulla cybersicurezza

Formazione alla direzione

- Requisiti di base della NIS2;
- Processi di gestione del rischio e valutazioni del rischio;
- Comprensione generale delle misure descritte nell'Articolo 21;
- Il potenziale impatto delle minacce informatiche.

Formazione sulla consapevolezza per gli utenti

- Facilmente comprensibile da tutti;
- Deve trattare del comportamento che si desidera che i dipendenti mostrino;
- Migliora la comprensione dei rischi per la sicurezza delle informazioni;
- Aumenta il numero di segnalazioni da parte dei dipendenti;
- Riduce il numero di incidenti.

 154

A.12 Segmentazione della rete

- Limita il traffico di comunicazioni affinché rimanga all'interno delle parti configurate della rete;
- La segmentazione della rete è una parte fondamentale dei principi zero-trust;
- Segmentazione funzionale - ad esempio un segmento per le stampanti, un segmento per le postazioni di lavoro, un segmento per le comunicazioni vocali, un segmento per la sorveglianza, un segmento per l'Internet-of-Things, un segmento per i server e segmenti per ciascun server critico;
- Micro-segmentazione - ad esempio un segmento per ciascuna applicazione, un segmento per ciascun raggruppamento funzionale di utenti nella tua organizzazione, un segmento per ciascuna risorsa critica.

 155

A.12 Rivedi le affermazioni

1. *L'organizzazione ha configurato la rete e i sistemi informativi in modo da rispettare i principi zero-trust, tra cui la segmentazione, l'autenticazione avanzata, la risposta formale agli incidenti e il monitoraggio continuo.*

2. *Gli aggiornamenti software e le patch sui sistemi informativi e di rete critici vengono installati solo dopo il test. La loro installazione è automatizzata o eseguita da un membro competente del reparto IT.*

3. *La rete e i sistemi informativi dell'organizzazione sono rafforzati e configurati per essere il più sicuri possibile senza impedire all'organizzazione di raggiungere i propri obiettivi.*

 156

A.12 Rivedi le affermazioni

4. *La direzione è formata sulla sicurezza informatica.*
5. *Tutti i dipendenti hanno ricevuto una formazione sulla consapevolezza della sicurezza informatica.*
6. *La rete è stata suddivisa in segmenti funzionali che possono scambiare informazioni tra loro solo al livello richiesto per il funzionamento dell'organizzazione.*
7. *L'organizzazione ha impostato la gestione delle identità e degli accessi sulla base dei principi di necessità e privilegio minimo e della ri-autenticazione quando si passa da un sistema informativo all'altro.*

 157

Comunicazioni sicure

Sezione A.13

§ 4.7.6, 4.7.7, Annex F.13

COURSEWARE

A.13 Comunicazioni sicure

- Utilizza comunicazioni vocali, video e testuali sicure dove appropriato (Articolo 21(2j));
- Le preoccupazioni sulla riservatezza si concentrano sulla possibilità che persone non autorizzate possano ascoltare:
  - Utilizza la crittografia delle trasmissioni;
  - Verifica i partecipanti alle riunioni;
  - Usa sale riunioni insonorizzate;
  - Schermi per la privacy;
  - Controllo degli accessi fisici.
- Le preoccupazioni sull'integrità riguardano la corruzione e l'alterazione delle trasmissioni:
  - Utilizza la crittografia delle trasmissioni;
  - Cavi schermati per prevenire interferenze;
  - Restrizioni sull'accesso fisico ai cavi e ai punti terminali.
- Le preoccupazioni sull'autenticità (Articolo 6(2),(5),(6)) riguardano l'imitazione attraverso attacchi di spoofing e deep fake:
  - Verifica le richieste insolite attraverso canali indipendenti;
  - Richiedi autenticazione per richieste sospette, sensibili e insolite.

 159

A.13 Comunicazioni di emergenza sicure

- Avere sistemi di comunicazione di emergenza sicuri all'interno del soggetto, quando appropriato (Articolo 21(2j));
- Dal punto di vista della disponibilità, "sicuro" si riferisce a garantire la disponibilità dei sistemi di comunicazione di emergenza durante una crisi;
- La mancanza di sistemi di comunicazione sicuri può aggravare la crisi, ostacolando una comunicazione tempestiva e affidabile;
- Dal punto di vista della riservatezza, ci sono preoccupazioni relative all'intercettazione;
- Utilizza sistemi e canali di comunicazione completamente indipendenti da qualsiasi altra rete, sistema e canale di comunicazione (ad es. radio ricetrasmittenti).

 160

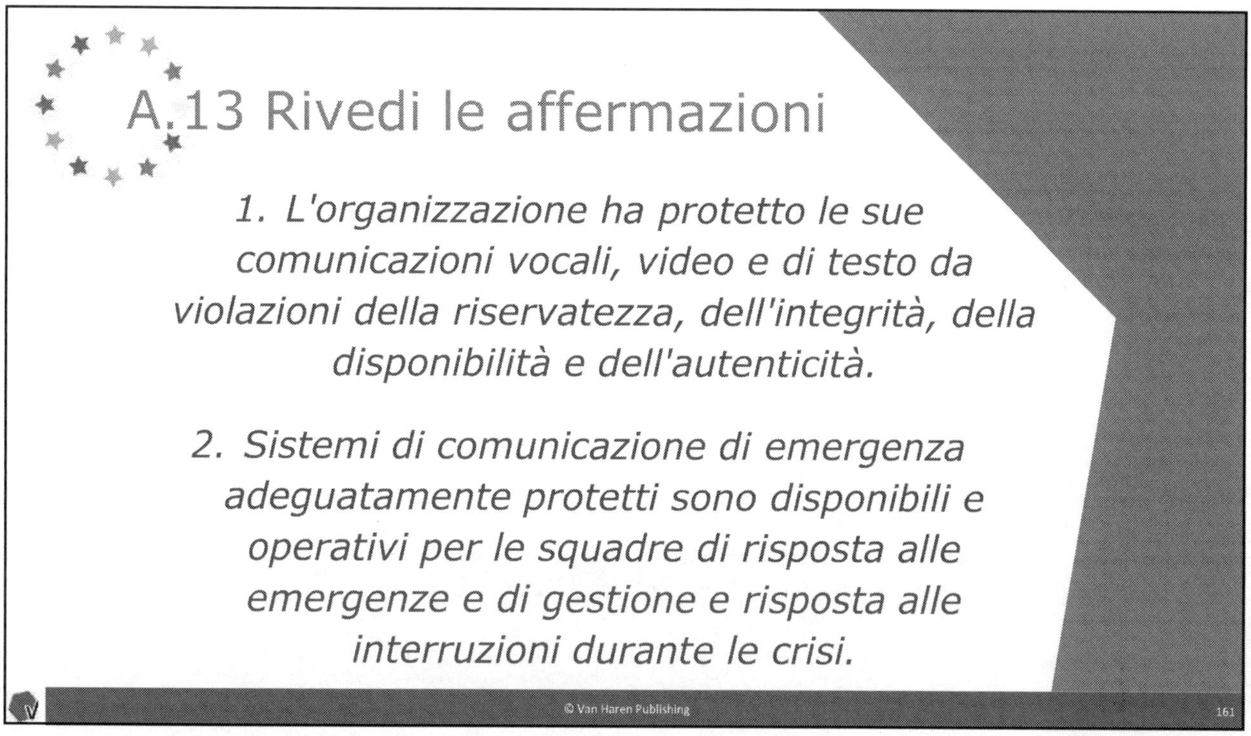
A.13 Rivedi le affermazioni
1. L'organizzazione ha protetto le sue comunicazioni vocali, video e di testo da violazioni della riservatezza, dell'integrità, della disponibilità e dell'autenticità.
2. Sistemi di comunicazione di emergenza adeguatamente protetti sono disponibili e operativi per le squadre di risposta alle emergenze e di gestione e risposta alle interruzioni durante le crisi.
© Van Haren Publishing
161

Efficacia dei controlli
Sezione A.14
§ 4.4.5.6, 4.6.1, Annex F.14
©2024 - Tutti i materiali di formazione sono di esclusiva proprietà di Van Haren Publishing BV e non possono essere riprodotti in alcuna forma o modalità senza autorizzazione scritta

A.14 Politica di Efficacia dei controlli

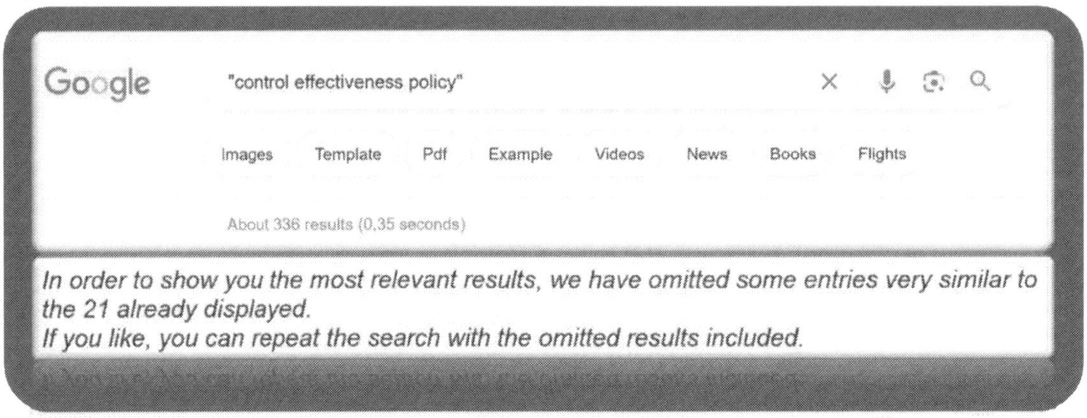

© Van Haren Publishing 163

A.14 Efficacia dei controlli

Politica

- Avere Politiche per valutare l'efficacia delle misure di gestione del rischio informatico (Articolo 21(2f));
- Le metriche sono utilizzate per determinare l'efficacia dei controlli;
- La Politica affronta:
  - Elementi che determinano l'efficacia, compresa la tempestività dei controlli di efficacia;
  - Come determinare l'efficacia dei controlli;
  - Caratteristiche che definiscono una metrica adeguata.

Procedure

- I controlli che implementi devono gestire i rischi (Articolo 21(1));
- I controlli devono essere misurati per garantire che siano efficaci e gestiscano i rischi come richiesto;
- Devono essere presenti procedure formali che garantiscano l'efficacia dei controlli (Articolo 21(2f));
- Le procedure dovrebbero affrontare:
  - Come monitorerai ciascuno dei controlli;
  - L'identificazione delle verifiche di efficacia per ciascuno dei controlli;
  - Come gestirai i risultati derivanti dal monitoraggio.

© Van Haren Publishing 164

A.14 Rivedi le affermazioni

1. *L'organizzazione ha una Politica formale di efficacia del controllo che viene approvata e comunicata dalla direzione che ha il compito di prendere decisioni sulla determinazione dell'efficacia e può imporre le regole stabilite nella Politica a coloro che devono rispettarla.*
2. *L'organizzazione ha determinato modi per garantire che i suoi controlli siano efficaci e per monitorarne l'efficacia su base continua.*

Calcola e traccia il GAP

606
1000

	Punti
A.1	80
A.2	94
A.3	52
A.4	7
A.5	27
A.6	98
A.7	60

	Punti
A.8	55
A.9	100
A.10	18
A.11	89
A.12	59
A.13	21
A.14	88

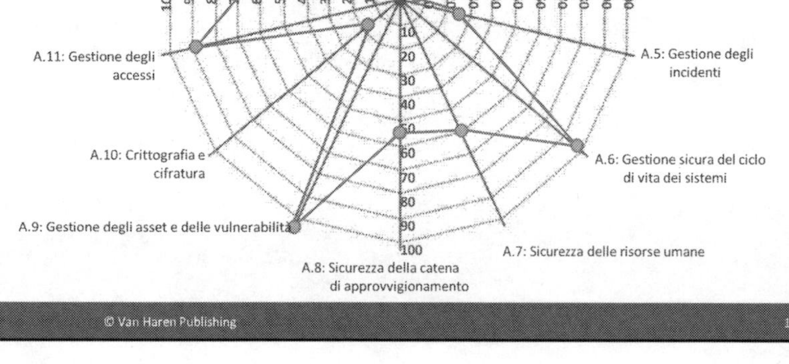

La normativa italiana
COURSEWARE
Repubblica Italiana DL 138/2024 del 4 settembre 2024
©2024 - Tutti i materiali di formazione sono di esclusiva proprietà di Van Haren Publishing BV
e non possono essere riprodotti in alcuna forma o modalità senza autorizzazione scritta.

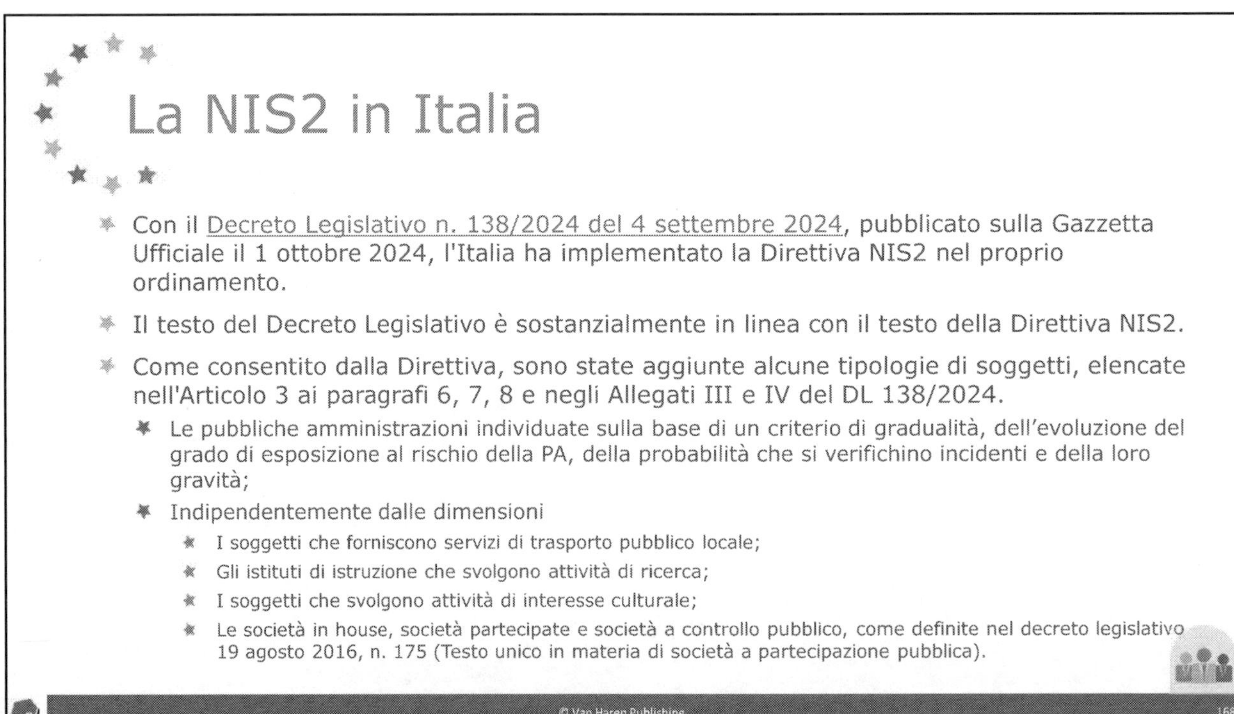
La NIS2 in Italia
Con il Decreto Legislativo n. 138/2024 del 4 settembre 2024, pubblicato sulla Gazzetta Ufficiale il 1 ottobre 2024, l'Italia ha implementato la Direttiva NIS2 nel proprio ordinamento.
Il testo del Decreto Legislativo è sostanzialmente in linea con il testo della Direttiva NIS2.
Come consentito dalla Direttiva, sono state aggiunte alcune tipologie di soggetti, elencate nell'Articolo 3 ai paragrafi 6, 7, 8 e negli Allegati III e IV del DL 138/2024.
Le pubbliche amministrazioni individuate sulla base di un criterio di gradualità, dell'evoluzione del grado di esposizione al rischio della PA, della probabilità che si verifichino incidenti e della loro gravità;
Indipendentemente dalle dimensioni
I soggetti che forniscono servizi di trasporto pubblico locale;
Gli istituti di istruzione che svolgono attività di ricerca;
I soggetti che svolgono attività di interesse culturale;
Le società in house, società partecipate e società a controllo pubblico, come definite nel decreto legislativo 19 agosto 2016, n. 175 (Testo unico in materia di società a partecipazione pubblica).
© Van Haren Publishing
168

La NIS2 in Italia – autorità competenti

- L'autorità preminente in Italia è l'Agenzia per la cybersicurezza nazionale (ACN) a cui sono affidati i compiti di:
  - Sovrintendere all'implementazione e all'attuazione del Decreto;
  - Predispone i provvedimenti necessari a darne attuazione;
  - Svolgere le funzioni e le attività di regolamentazione, anche adottando linee guida, raccomandazioni e orientamenti non vincolanti;
  - Individuare i soggetti Essenziali e i soggetti Importanti;
  - Partecipare al Gruppo di cooperazione NIS ed altre attività a livello di UE.
- L'ACN è designata come "Punto di contatto unico NIS", come "Autorità nazionale di gestione delle crisi informatiche" e come CSIRT nazionale (denominato "CSIRT Italia");
- Il DL 138/2024 individua anche le varie Autorità di settore NIS che supportano ACN.

 169

La NIS2 in Italia - tempistiche

- Dal 1 gennaio 2025 fino a fine febbraio le società che ritengono di rientrare nell'ambito di applicazione del Decreto Legislativo dovranno registrarsi sull'apposito portale gestito da ACN (qui trovate un video che spiega le modalità);
- La registrazione andrà eseguita a cura di un responsabile incaricato dall'azienda, denominato "Punto di contatto". Qui trovate la descrizione dei suoi compiti.
- ACN avrà tempo sino al 31 marzo 2025 per analizzare le società registrate nella piattaforma e stilare l'elenco dei soggetti essenziali ed importanti a cui verrà poi comunicazione l'inserimento nella relativa lista entro il 15 aprile 2025;
- Gli obblighi di notifica degli incidenti informatici è dilatato sino a 9 nove mesi dalla ricezione della comunicazione circa l'appartenenza alle liste di applicabilità del Decreto Legislativo (quindi indicativamente a gennaio 2026);
- Gli obblighi degli organi di amministrazione e direttivi e gli obblighi in materia di misure di gestione dei rischi per la sicurezza informatici è dilatato sino a 18 mesi dalla comunicazione di cui sopra (quindi indicativamente ottobre 2026).

 170

La NIS2 in Italia – una differenza nei termini usati

- **Direttiva NIS2 (art. 20, paragrafo 2)**:
  "[...] i membri dell'organo di gestione dei soggetti essenziali e importanti siano tenuti a seguire una formazione [...] per far sì che questi acquisiscano conoscenze e competenze sufficienti al fine di individuare i rischi e valutare le pratiche di gestione dei rischi di cybersicurezza e il loro impatto sui servizi offerti dal soggetto."
  - Chiave: "*gestione dei rischi*" implica un approccio più ampio, che include la comprensione delle minacce, la valutazione dell'impatto e l'elaborazione di strategie per mitigare i rischi.
- **DL 138/2024 (art. 23, paragrafo 2, lettera a)**:
  "Gli organi di amministrazione e gli organi direttivi dei soggetti essenziali e dei soggetti importanti sono tenuti a seguire una formazione in materia di sicurezza informatica [...]"
  - Chiave: "*sicurezza informatica*" sembra limitarsi agli aspetti tecnici, come la protezione dei sistemi informativi, la prevenzione degli attacchi e la gestione degli incidenti.

Si può argomentare che per essere "formati in materia di sicurezza informatica" si debba per forza avere conoscenza di cosa sia un rischio (quindi minacce e impatto) e di come vada gestito per poterlo mitigare... e che quindi le due formulazioni possano essere considerate equivalenti dal punto di vista degli obblighi di formazione per la direzione (ma spesso la logica non basta di fronte a eventuali contese legali).

 171

In chiusura...

COURSEWARE

Informazioni sull'esame

Numero di domande:	40
Punteggio minimo per superare l'esame:	65%
Tempo a disposizione:	60 min.
Esame a libro aperto:	No
Lingua:	Italiano
Supervisione:	Si
Tipo di domande:	A scelta multipla

EU-OCI CNIS2 Professional Certified by Van Haren Certify

Le normative generali dell'esame Van Haren Certify si applicano a questo esame.

 173

...E infine

Potete scaricare alcune informazioni su NIS2 e sul corso qui: vanharen.net/standards/nis2-certified-nis2-professional-cnis2/certified-nis2-exam-syllabus/

Trovate sviluppi aggiornati e documenti sulla NIS2 qui: euoci.eu

Buona fortuna con la NIS2!

EU-OCI EU Organisational Compliance Institute

 174

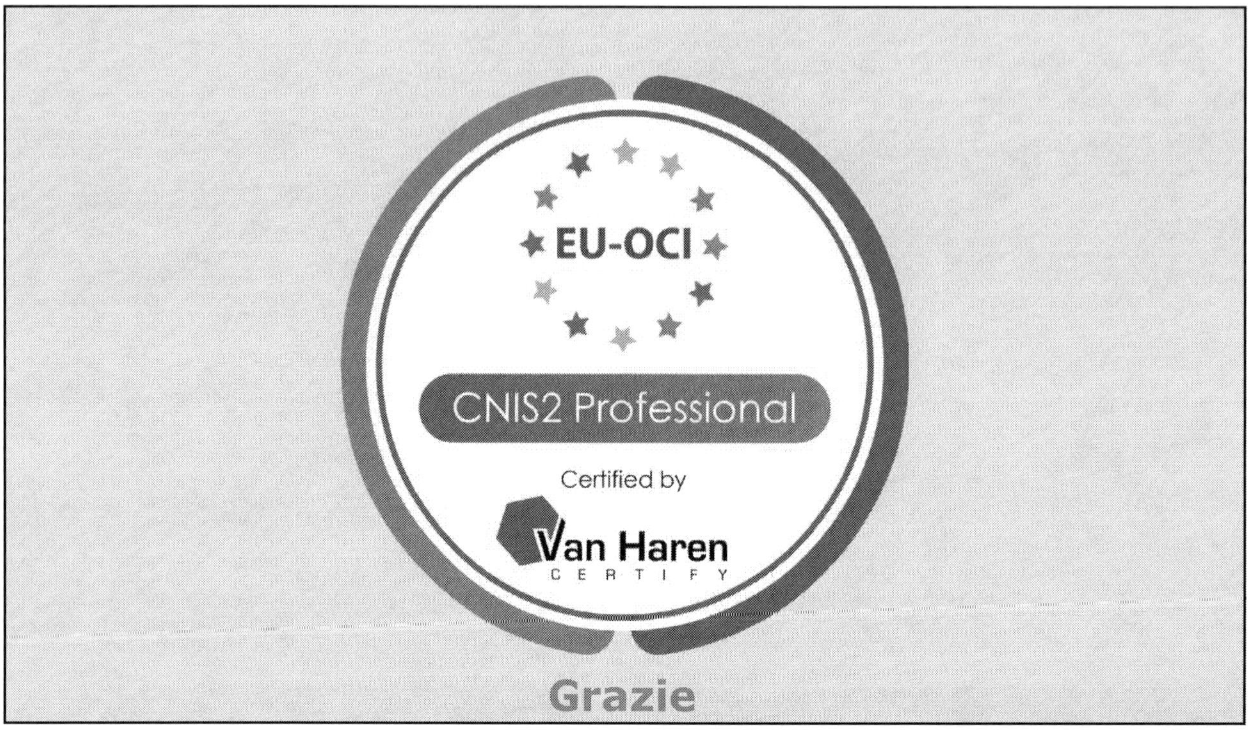
EU-OCI
CNIS2 Professional
Certified by
Van Haren
CERTIFY
Grazie

INFORMAZIONI SULL'ESAME DI PROVA

Un esame di prova è incluso nell'esame online.

Una volta entrati nell'ambiente dell'esame online, prima di sostenere l'esame effettivo è possibile svolgere l'esame di prova per verificare la propria preparazione.

L'esame di prova consentirà di avere una indicazione di quanto si padroneggia l'argomento. Non si tratta di una garanzia di promozione all'esame, ma solo di una indicazione.

Attenzione: se si eseguono esclusivamente le domande dell'esame di prova (anche se più volte) si rischia di memorizzare soltanto le risposte anziché padroneggiare l'argomento. Questo potrebbe fornire un'indicazione errata del proprio livello di preparazione, poiché le domande dell'esame effettivo potrebbero differire da quelle dell'esame di prova.

Made in the USA
Monee, IL
22 October 2026

66393212R00109